古典文獻研究輯刊

四　編

潘美月・杜潔祥　主編

第 **14** 冊

清代《論語》述何學考

賴溫如　著

國家圖書館出版品預行編目資料

清代《論語》述何學考／賴溫如著 — 初版 — 台北縣永和市：
花木蘭文化出版社，2007〔民96〕

目 4+146 面；19×26 公分
（古典文獻研究輯刊 四編：第 14 冊）
ISBN：978-986-6831-23-2（全套精裝）
ISBN：978-986-6831-07-2（精裝）
1. 論語－研究與考訂　2. 經學－中國－清（1644-1912）
121.227　　　　　　　　　　　　　　　　　96004370

ISBN - 9866831072

9 789866 831072

古典文獻研究輯刊
四　編　第十四冊　　　　　ISBN：978-986-6831-07-2

清代《論語》述何學考

作　者	賴溫如
主　編	潘美月　杜潔祥
企劃出版	北京大學文化資源研究中心
出　版	花木蘭文化出版社
發行所	花木蘭文化出版社
發行人	高小娟
聯絡地址	台北縣永和市中正路五九五號七樓之三
	電話：02-2923-1455／傳真：02-2923-1452
電子信箱	sut81518@ms59.hinet.net
初　版	2007 年 3 月
定　價	四編 30 冊（精裝）新台幣 46,500 元

清代《論語》述何學考

賴溫如　著

作者簡介

台灣師範大學國文系畢業，中興大學中文研究所碩士，台灣師範大學國文研究所博士。現任亞洲大學通識中心助理教授，以研究清代學術思想為主，著有：《晚清新舊學派思想之論爭——以翼教叢編為中心的討論》專書及〈嵇康與反玄學思想〉、〈魏晉反玄學思想對貴無思想的批判〉、《《明夷待訪錄》之經世思想述評〉、〈皮錫瑞《春秋通論》析論〉、〈論孫盛「以儒統老」之思想〉、〈論章學誠〈易教〉篇的六經觀念與《易》學思想〉。另有〈李清照《詞論》析探〉、〈「紅」與「綠」在《小山詞》中的作用〉、〈晁補之與李清照詞學觀點之分析——從評論各家詞作談起〉、〈音節修辭法在詩文教學上的運用〉等專題論文。

提　　要

　　《論語》為儒家重要的典籍之一，自先秦以來，歷代投注於其間作研究的學者，不可勝數。因之，在清代繁盛的經學風潮下，亦有眾多學者從事《論語》的研究工作，有匡正古注者；有紹明絕學者；有自立新說者……，著述豐富，瀚如煙海。

　　本論文乃欲探求清代今文經學復興後，群經大義走向《公羊》化，清代學者劉逢祿、宋翔鳳、戴望、劉恭冕、俞樾、康有為等人亦援引何劭公之義以說解《論語》，故有《論語》述何之作。本論文即欲探討上述諸位學者的《論語》著作所展現的學術風貌，及其於經學史上的意義。

　　本論文研究的重點，在於考察劉逢祿《論語述何》、宋翔鳳《論語說義》、戴望《論語注》、劉恭冕《何休注訓論語述》、俞樾《何劭公論語義》以及康有為《論語注》所承繼或發明的漢代《公羊》思想，以及著作中非關《公羊》義之處，並使其理論化。

　　本論文之作，共分為九章：

　　第一章先述研究動機、重點，並闡明全文之研究範圍及各章節之旨趣。第二章探討清代今文經學復興的時代外因與學術本身發展的內在因素，而《公羊》學說由西漢董仲舒發萌，經東漢何休總結義例，及於清代援《公羊》思想以經世致用，以見《公羊》學說的歷史沿革。第三章探究劉逢祿之生平與其治《春秋》學之觀念，劉氏《論語述何》乃為追述何氏之意而作，故援引《公羊》三科九旨、正名之義以釋《論語》者，並以今文學之觀點詮釋關於「學」的種種觀念。第四章除陳述宋翔鳳生平事蹟及治學方式，並分析《論語說義》的考據特色，以及《論語說義》所呈現關於《公羊》素王與三統、三世之思想，亦論及非涉《公羊》義例的政治思想。另者，宋氏援引《易》、《老》思想以說解《論語》，顯示其欲會通《論語》於《易》、《老》之用意。第五章首先論述戴望之生平與其治學歷程的轉變，而其《論語注》的體例較之劉逢祿《論語述何》、宋翔鳳《論語說義》顯得完備。戴氏《論語注》中所呈現的三科九旨思想，以及經權思想亦是引《公羊》義例以說《論語》。

　　第六章探究劉恭冕之生平與治學歷程，以及《何休注訓論語述》的著作動機，再由其所附之案語，分為「闡明何氏之意者」與「異於何氏之意而別有一解者」兩方面，以瞭解其護衛或匡正何休《公羊》義之處。第七章先論述俞樾生平與其諸多著作，其《何劭公論語義》乃為恢復何休《論語注》而作，由其所附之按語，足以見其闡發何氏之義旨。第八章康有為的一生，可謂之起伏多變，其為《論語》作注，乃欲以今文學之觀點企圖重新詮釋《論語》，三世進化說為康氏的重要思想之一，而關於「學」的諸多觀念，可謂為一家之論，康氏對儒家重要德目「仁」與「禮」亦有所承繼及發揮。第九章首先回溯於何休曾否注訓《論語》之相關問題，作分析探討，並檢討諸《論語》述何之作的得失。

目

錄

第一章 緒 論

第一節 研究動機

趙岐《孟子題解》云：「《論語》者，五經之錧鎋，六藝之喉衿也。」此言無非揭示了《論語》於群經中的崇高地位，《論語》於《易》、《書》雖未明顯提及，於《春秋》更少論及，然觀《論語》之內容，又無所不涉及諸經之精義，因之，我國文化雖以儒家經典為主脈，而儒家典籍，則以《論語》為入門之鑰。

《論語》雖早於春秋時期即已成書，然學術的興衰往往為政治型態所影響，戰國時期，諸侯為圖霸業，競尚縱橫之說，故《論語》未能盛行於時，至秦代燔百家之書，群經皆遭浩劫，幾至焚毀。迄至漢興，除廣開獻書之風外，而斷簡殘篇，不能成書者，幸有先儒憑記憶口授，講學於齊、魯之間，始有《齊論》、《魯論》之傳承，待魯恭王壞孔子宅，得《古論》，此為《論語》三大流別，故自兩漢以降，歷代學者有關《論語》之著述，可謂浩如煙海。

再者，由經學史觀之，漢武帝獨尊儒術，使經學昌明於兩漢，然隨世代之更迭，魏晉政局的動盪分裂，使經學雜以玄言並呈現分立狀態，至隋唐政治一統，經學亦由分立而趨於一統；宋明時期，談心性之理學盛，傳統經學隱沈，迄有清一代，亦因政治因素，經學得以復盛。清代學者投入經學之研究，遍歷群經，有鑽研文字聲訓者，有闡發義理者，有自立學說者，實蔚為清代經學之大流。因之，在清代繁盛的經學風潮中，亦有眾多學者置身於《論語》的研究工作，有蒐采異義以匡正古注者；有脩集異說以紹明絕學者；有自立一說以別出新解者；有專事考證訓詁以探索原委者；有收輯佚文以恢復原貌者，……著述林總豐碩各有立意，乃為可貴的文化資產。

　　面對如此豐盈的學術成果，除了感懷先儒們以經傳的傳承作爲安身立命的理想外，亦願一窺清代《論語》學之堂奧，然衡諸自身之精力及興趣等因素，欲於清儒諸多《論語》著述中，僅取紹明漢儒何休之說者，作爲初步研究的領域，究析動機厥有三端：

　　一者，清代中葉以後，知識份子面對道、咸以降的衰弱國勢，以及對乾嘉考據學的繁瑣破碎有所反省，進而於傳統經學中尋得《公羊》經傳思想，以其微言大義切合時代之需，故以之貫通群經之義，而將《公羊》視爲群經之歸趣。首先由武進莊存與的《春秋正辭》，使今文經學由微而顯，然莊存與之學並不顯揚於當世，其學說端賴姪莊述祖、孫莊綏甲及其外孫劉逢祿、宋翔鳳的闡發始得以光大。其後龔自珍、魏源等從劉逢祿受《公羊》學，踵繼闡發，《公羊》學遂蔚爲今文學的中心，並援之於政治，隨後譚嗣同、康有爲、梁啓超等又據之擴展並鼓動風潮，形成晚清政治改革的壯闊波瀾，實爲當日知識份子融經術、政治爲一體之展現。因之，將此類學者的思想風格，置於當日時代及學術背景下，實有值得研究的意義與價值。

　　二者，因何休爲東漢今文學家，《後漢書・儒林傳》曾謂：「何休注訓《論語》。」然其書早已不傳，僅存留《公羊解詁》一書。清代儒者崇尚漢學，往往於漢代經師之說，皆欲求其拾遺補闕；發其幽光，於是有牽引何氏之說，推闡其義於《論語》者，冀以存何氏《論語注》之大凡。故清代學者劉逢祿《論語述何》、宋翔鳳《論語說義》、戴望《論語注》、劉恭冕《何休注訓論語述》、俞樾《何劭公論語義》、康有爲《論語注》等，皆欲追述何氏之意，欲存微言大義之旨，乃秉何氏之說以解《論語》，其中雖不免牽附《公羊》義例之處，然亦爲別出一格的詮釋方式，故本論文以「清代《論語》述何學考」爲題，即欲分析此學派之《論語》著作，期盼於逐步探索過程中，能漸次揭開其《論語》學之特色，此乃爲本論文撰述之重要宗旨。

　　三者，本論文雖擬以研究劉逢祿、宋翔鳳、戴望、劉恭冕、俞樾、康有爲等人以何休《公羊》義解說《論語》者爲全論文之重心，然由於每位學者的治學方式及思想觀念不盡相同，其《論語》著述中亦含有非關《公羊》學之處，皆各具特色，此亦爲本論文所欲探求的目的之一。

第二節　研究重點及範圍

　　本論文研究重點，乃在於考察劉逢祿《論語述何》、宋翔鳳《論語說義》、戴望《論語注》、康有爲《論語注》所承繼或發明的漢代《公羊》思想，並將其條理化。由於《公羊》義例內容極爲豐富，後世學者常因時或因人的不同，而各有所偏重之

主題，所謂因時者，即指學者當時所受的時代環境及學術風潮之影響。所謂因人者，即指個人之身世、交游與志趣等。因之，本論文在處理上述人物的《論語》著作時，首先對於每位作者之生平經歷及治學態度、學術風格等均做一概略性的陳述，進而分析其《論語》著作的撰寫動機。其次以《公羊》「三科九旨」之說爲主軸，分析各家《論語》著作所呈現的「通三統」或「張三世」或「異內外」之《公羊》思想，然由於每位學者的著作風貌、思考理路，不盡相同，故再擷取各家著述較爲顯明的《公羊》特色，諸如：正名思想、經權思想、今古文之觀念……等，做爲研究的著眼點。另者，對於每位學者《論語》著作中未含雜《公羊》說之處，亦提挈出來，旨在觀察諸位學者除《公羊》義外的其他學術思想，或寫作之特色。

　　至於劉恭冕《何休注訓論語述》及俞樾《何劭公論語義》雖承劉氏、宋氏、戴氏以《公羊》傳注說《論語》之風氣而作，然由於著作內容短少，又大多刺取何氏《公羊解詁》中引《論語》者，乃爲考述之作並不偏主以《公羊》義例作爲思想的發揮，故筆者遂逐一探劉氏、俞氏之案語加以分析，以觀其推闡、考述何休《論語注》之處。

　　關於本論文擬以研究的六種《論語》著作，所依據之版本，說明如下：

一、劉逢祿《論語述何》兩卷，《皇清經解》本，卷一二九七～一二九八（台北：藝文印書館）

二、宋翔鳳《論語說義》十卷，《皇清經解續編》本，卷三八九～三九八（台北：藝文印書館）

三、戴望《論語注》二十卷，《南菁書院叢書》本（台北：中央研究院歷史語言研究所）

四、劉恭冕《何休注訓論語述》一卷，《皇清經解續編》本，卷一四一二（台北：藝文印書館）

五、俞樾《何劭公論語義》一卷，收錄於《曲園雜纂》卷七，春在堂全書本（台北環球書局）。

六、康有爲《論語注》二十卷，《無求備齋論語集成》本（台北：藝文印書館）

以上諸書皆爲本文之研究主題，於撰寫中當必重覆引用，故僅標明卷數，頁數。

　　本論文之作，凡分爲九章：

　　第一章「緒論」，先敘述研究動機，再述研究重點，次明全文之研究範圍及各章節之旨趣。

　　第二章「清代今文經學之復興及《公羊》學說」，略述清代今文經學復興之時代外因與學術本身發展之內在因素，其次探討《公羊》學說由西漢董氏發萌，經東漢

何氏總結義例，而及於清代援《公羊》思想以經世致用，以見《公羊》學說之歷史沿革。

第三章「劉逢祿《論語述何》研究」，本章首先言劉氏之生平與其治《春秋》學之觀念，並探究《論語述何》著作動機外，對於其所援引《公羊》三科九旨、《春秋》正名之義以釋《論語》者，均舉例分析以說明之，最後分析劉逢祿以今文學之觀點詮釋關於「學」的種種觀念。

第四章「宋翔鳳《論語說義》研究」，除陳述宋氏生平事蹟及其治學方式外，並分析《論語說義》之著作動機、考據特色，其次探討《論語說義》有關《公羊》的素王與三統、三世思想，亦論及非涉《公羊》義例之政治思想，末則對宋氏援引《易》、《老》思想以說《論語》的部份作分析，以明宋氏欲會通《論語》於《易》、《老》之用心。

第五章「戴望《論語注》研究」，首先論述戴氏之生平與其治學歷程的轉變，並分析其為《論語》作注之動機，其次推測戴氏《論語注》中出現與今本《論語》異文之原因，以及對注中引文多未表明資料來源的情形作分析說明。又論《論語注》所呈現之三科九旨思想，末則言其經權思想之特色。

第六章「劉恭冕《何休注訓論語述》研究」，探究劉氏之生平與治學歷程，並試圖分析其《何休注訓論語述》之著作動機，再由其所附之案語，分為「闡明何氏之意者」與「異於何氏之意而別有一解者」兩方面，以探討其著作之旨。

第七章「俞樾《何劭公論語義》研究」，先論述俞氏的生平與其諸多著作，次由《何劭公論語義・序》瞭解其著作動機，再分析所附之按語，以見其闡發何氏之義旨。

第八章「康有為《論語注》研究」，首先對於康氏一生的活動與其思想之轉變，做編年式之說明，並分析其《論語注》之著作動機。由於三世進化說為康氏的重要思想之一，故釐析出《論語注》中所含的三世進化思想，並使之理論化，次論康氏《論語注》關於「學」的諸多觀念，最後，分析身為儒家學者的康氏，對於儒家重要德目「仁」與「禮」所作的承繼及發揮。

第九章「結論」，首先對於何休曾否注訓《論語》之相關問題，作分析探討，次而檢討諸《論語》述何著作之得失。

本論文於撰寫期間，凡題目之擬定、章節之體例安排及文句之考核等各方面，均承簡博賢的悉心指導，在老師殷殷教誨與不斷鼓勵下，本論文始得以完成，在此僅致最誠摯的敬意與謝意。然因筆者不敏，識見有限，論文中必多謬誤疏漏，尚祈諸先進予以匡正指導為感。

第二章　清代今文經學之復興及公羊學說

第一節　清代今文經學復興之探討

　　我國經學昌明於漢武帝，而極盛於西漢元、成二帝至東漢期間〔註 1〕，然由於文字差異及學派經說的不同，遂有各守門戶，壁壘分明的今古文經學之別。皮錫瑞《經學歷史》即言：

> 所謂鄭學盛而漢學衰者，漢經學近古可信，十四博士今文家說遠有師承，劉歆創通古文，衛宏、賈逵、馬融、許慎等推衍其說，以與今學分門角立矣。然今學守今學門戶，古學守古學門戶，今學以古學爲變亂師法，古學以今學爲黨同妒眞，相攻若讎不相混合。

蓋古文經學將五經視爲歷史文獻，並重視文字之考證訓詁，故較能忠實於經書原意。今文經學則較重視時代性，好以經義附會時事，多講求經書微言大義。西漢之際，今文經學於學術上佔優勢，以十四博士爲主，力倡通經致用之說。至西漢末年，劉歆提倡古文經學，援引古訓貫通群經，加上衛、賈、馬、許等人之助力，於是古文經學亦別樹一格，迄至鄭玄融合今古文後，今文經學於是湮沈了一千餘年。直至入清後，經學所呈現之基本精神，即如梁任公所言「以復古爲解放」，至於從復古中得解放的演變歷程，其《清代學術概論》有進一步的說明：

> 第一步，復宋之古，對於王學而得解放。第二步，復漢唐之古，對於程、朱而得解放。第三步，復西漢之古對於許、鄭而得解放。第四步，復先秦

〔註 1〕此處採皮錫瑞之說，以經學至漢武帝時期始昌明，而自漢元、成二帝到後漢則爲經學極盛期。參見皮氏《經學歷史》三、〈經學昌明時代〉頁 70 與四、〈經學極盛時代〉頁 101，台北：漢京出版社，1983 年 9 月初版。

之古，對於一切傳注而得解放。夫既以復先秦之古，則非至對於孔孟而得
解放焉不止矣！

然在節節復古中，「非徒復前代之古而已，乃以前學之舊瓶，裝清學之新酒。」〔註2〕可知，清代經學雖言復古，實是從復古中自創新意。無怪乎梁任公形容清代學術是「倒影而緟演之，如剝春筍，愈剝愈進裡。如啖甘蔗，愈啖而愈有味。」〔註3〕皮錫瑞《經學歷史》將清代經學的演變分爲三個階段：

> 國朝經學凡三變。國初，漢學方萌芽，皆以宋學爲根柢，……是爲漢、宋兼采之學。乾隆以後，許、鄭之學大明，治宋學者已少。說經皆主實証，不空談義理，是爲專門漢學。嘉、道以後，又由許、鄭之學導源而上，《易》宗虞氏以求孟義，《書》宗伏生、歐陽、夏侯，《詩》宗魯、齊、韓三家，《春秋》宗《公》、《穀》二傳。漢十四博士今文說，自魏、晉淪亡千餘年，至今日而復明。

由清初漢、宋兼采的相容學風，進而以漢學獨幟，最終而復於西漢今文經學的異軍突起，因此，沈寂一千餘年之今文經學就在復古與解放中，恢復了生命力，進而取代乾嘉之考據學，對道、咸以後的學術思想，造成了重大影響。此一轉變，歷來學者多以「復興」稱之，然對於復興之原因，梁任公《清代學術概論》有言：「乾、嘉以來，家家許、鄭，人人賈、馬，東漢學爛然如日中天，懸崖轉石，非達於地不止，則漢今古文舊案，終必翻騰一番，勢則然矣。」然侯外廬並不認同此觀點，其以爲：

> 舊案不必一定須沿著兩漢路線重覆地翻騰一番，而所以形式地翻騰者，主要在於清初的暴風雨暫被滿州文化政策所安定，道、咸之際，所來臨的更大的暴風雨，復驚醒了退避於訓詁以求安身立命的人們。思想在這史無前例的衝擊之下，自然要迫使著人類做出那種「非常異議可怪之論」的夢囈了。所謂三世、三統的微言大義，便可能成爲外衣，輸入新的引申附會，表面上則採取今古文學的論爭方式。〔註4〕

事實上兩者之觀點僅持論角度相異而已，任公所言乃從學派本身發展之趨勢而論，因就學術思想發展的邏輯觀之，一個學派在亟於鼎盛時，與其相對之學派亦隨之興

〔註2〕語見李新霖《清代經今文學述》，頁146，國立台灣師範大學國文研究所集刊，1978年6月版。

〔註3〕引見梁啓超《中國學術思想變遷之大勢》，頁102，台北：台灣中華書局，1967年十月台3版。

〔註4〕引見侯外廬《近代中國思想學說史》下冊，頁586，出版地、出版年月不詳。

起發展，展現另一不同性格之學術風貌。因此，東漢之學的興盛，自然也就引動了西漢經學的復甦。然侯外廬則著眼於時代環境對學術發展之影響而論，見出清代學者在面對日益不同的政經變化時，所含藏的回應能力，因此藉著舊有的今古文論爭方式而賦予新的學術與政治意義。因此，本文擬將以時代環境爲外因；以學術本身發展因素爲內緣，做爲探討清代今文經學所以復興的兩大面向。

壹、時代環境之影響

「凡文化發展之國，其國民於一時期中，因環境之變遷，與夫心理之感召，不期而思想之進路，同趨於一方嚮。」〔註 5〕可知，學術風氣之形成或轉變，往往與時代環境息息相關，「環境」所涵蓋之範圍雖廣，乃以政治關係最大〔註 6〕。

因讀書人思想之出處，自是從其所處政治環境中萌芽，諸如：身遭亡國之痛的清初儒者，便致力於經世之學；清廷一連串的文字獄，則使學者爲避諱時忌而轉向訓詁考據之學。因之，道、咸以降的今文經學，能蔚爲學風亦不可忽略其時代之外爍力量。

一、內憂之頻繁

西元 1796 年，清仁宗繼承清高宗的皇位後，同時亦將一個動亂紛擾的局勢接移過來。因此，嘉慶時期可說是清帝國衰落之起點，在往後數十年間，除列強交相侵迫外，內亂也連續仆起，於內憂與外患夾擊下，不免走上了衰亡之途。自乾隆以後，除政治和軍隊之腐敗外，人口的急遽增加以及漢人的排滿意識都是內亂所以持續擴大之因。嘉慶時期的內亂，以苗人和白蓮教的叛亂爲最烈，苗亂始於乾隆六十年（西元 1795 年），直至嘉慶十二年（西元 1807 年），始完全平息苗境。白蓮教徒之叛亂，起於嘉慶元年（西元 1796 年），清廷以鄉勇爲主要戰鬥力，分途剿撫，教徒之勢力因而衰弱，至嘉慶九年（西元 1804 年）才完全肅清。清宣宗道光初年，西北又有回亂，天山南路的回民因受官吏壓榨，積忿難平，便於嘉慶末年屢次犯邊。清室遣楊遇春等率軍討伐，於道光八年（西元 1828 年）始將回部平定〔註 7〕。

太平天國是清文宗時代，洪秀全在南方所建立的反清政權，持續十五年之久，戰禍遍及十八省，是清代規模最大最長的一次內亂。爲繼白蓮教之後，另一次以宗教迷信爲號召的抗清運動，道光三十年（西元 1850 年），洪秀全起事於廣西桂平縣

〔註 5〕語見梁啓超《清代學術概論》，頁 1，台北：台灣商務印書館，1985 年 2 月台 2 版。
〔註 6〕參考梁啓超《中國近三百年學術史》，頁 14，台北：華正書局，1979 年 5 月版。
〔註 7〕參考傅樂成《中國通史》下冊，頁 675～678，台北：大中國圖書公司印行，1982 年
　　　 1 月，新編排 4 版。

金田村，使清廷形勢一度告急，對此危殆的局勢，清廷除派兵進剿，並下詔獎勵各省舉辦團練，湘軍淮軍紛紛成立，加上「常勝軍」〔註8〕都是進剿太平天國的主力。太平天國亦因內部諸王爭權間隙日深，又無人才、無制度可言，且神權色彩濃厚，行為荒誕，甚至焚殺劫掠，漸遭民怨，終不免將太平天國推向衰弱的命運。因之，經過李鴻章、左宗棠、曾國藩等人的誅討，於穆宗同治四年（西元 1865 年）終歸滅亡〔註9〕。

此外，與太平天國舉兵相應的，還有華中的捻亂，捻匪所到之處，滿目瘡痍，西南、西北地區的回民亦先後叛變，直至光緒三年（1877 年），才將亂事平定。經過長期的大小內戰之後，民生已逐漸凋蔽，社會元氣大傷，國力遂日漸衰弱。

二、外患之紛然

鴉片戰爭以前，清廷往往以天朝大邦自居，視外人猶如未開化之夷狄，而鴉片戰爭則開啓了中西方勢力的首度接觸。觀清廷之所以失敗，絕非一人一事之故，而實是由於清政府的懵昧無知，對內任用非人且軍械不精；對外則知識落伍且不明世局之轉變，以致戰守茫然毫無方略〔註10〕。戰後中英在南京達成和議，於道光二十二年（西元 1842 年）7 月，定下了南京條約，包括：賠款、割讓香港、開五口通商、自由居住貿易等十三條款項。然對於鴉片的禁革問題，卻隻字未提。此不平等條約公佈後，歐美各國商人爭請訂約通商，加上清廷對國際事務的無知，於是不平等條約陸續出現。在中英南京條約成立後，廣東被列為通商口岸，廣東民眾排外甚劇，地方官員亦以頑強傲慢之態度，處理外交事務，因此屢與英人發生衝突，遂種下英法聯軍的暗因。

另外，法帝拿破崙三世（Napoleon Ⅲ），亦有東進之意，又廣西西林縣發生殺害法國教士事件，遂於咸豐七年（西元 1857 年），與英國組織聯軍相繼東來。此次英法聯軍之役所簽訂的天津條約與北京條約，係屬城下之盟，英法兩國利用清廷對國際形勢的不明，不知國權屬性的重要，而予取予求，更取得諸如：領事裁判權、關稅協定、內河航權……等，條條均是喪權辱國。

自鴉片戰爭後，俄國也積極向中國展開侵略，迫使清廷開放了海路與陸路通商，

〔註 8〕「常勝軍」是由李鴻章與美籍華爾（Frederick Townsend Ward）所率的「洋槍隊」合作組成。

〔註 9〕對於太平天國的始末及其失敗的原因，可參考蕭一山《清代通史》冊（三），頁 1～401，台北：台灣商務印書館，1967 年 1 月修訂本台 4 版。

〔註10〕關於鴉片戰爭我國失敗的原因，可參考蕭一山《清代通史》冊（二），頁 987～1000，台北：台灣商務印書館，1967 年 1 月修訂本台 4 版。

並喪失了東北近百萬公里的土地，使東北邊務危機日增。同治年間，日本亦開始肆行於東，對我國藩屬生覬覦之心，終於光緒二十年（西元 1894 年），爆發了中日「甲午戰爭」，除了割地賠款外，也割讓了台灣、澎湖群島。列強的紛紛侵奪，使國人排外情緒日益升高，遂有義和團的興起，以「扶清滅洋」爲號召，終於引發八國聯軍，招來更大的恥辱與損失，慈禧與光緒帝狼狽出走，自此民族自信大失，也無應戰能力，只有任人宰割了〔註11〕。

綜上所述，由於內憂頻繁、外患紛然，使政治、經濟、社會遭到空前的變動，對學術自然造成重大影響。讀書人對於內外兵禍紛沓而來，反思所學於世何濟？而歸咎於學非所用，蓋因當時學者崇尙考證，徒事擘績補苴，流於餖飣瑣碎，無俾於實際社會，無補於時艱。因此，就在考證之學而走入窮途末路後，轉換之機亦由此萌生。因自鴉片戰爭後，已觸發讀書人經世致用的治學觀念，而海禁的開放更使西學得以輸入，令學者探求新知之慾日熾；對清廷政治厭棄之情也日烈。清廷在內憂外患交相煎迫下，不可逆轉地走向衰敗，對社會的控制力日喪，思想的禁錮遂漸解除，然民族存亡危在旦夕，學者紛紛改弦易轍，以經世之學結合西學知識，造就了另一風格的新學風，遂使居正統派的乾、嘉之學宣告分裂，代之以恢復西漢之古的今文經學，而呈現出新的學術意義。

貳、學術內在之發展因素

學風的轉變除受之於政治、經濟環境的影響外，就學派形成的特點而言，每個學派固然有其思想的基本特色，卻也不排除對以往學術思想的繼承，甚至是利用過去學派思想的可能〔註12〕。另方面，學術思想本身的內在檢討，也足以爲學術注入變化的動力。因此，就清代經學的發展而論，對於清初經世思想的繼承以及對乾嘉之學的檢討，都是復興今文經學的重要因素。茲以清初致用之學的影響與對乾嘉考據之學的檢討兩方面，作爲論述今文經學所以復興的依據。

一、遙承清初經世致用之經學觀念

梁任公在《中國近三百年學術史》中提及清代學術的「主潮」是「厭倦主觀的冥想，傾向於客觀的考察」，此外還有一個「排斥理論提倡實踐」之「支流」〔註13〕。

〔註11〕關於庚子事變，可參考蕭一山《清代通史》冊（四），頁 2155～2253，台北：台灣商務印書館，1967 年 1 月修訂本台 4 版。

〔註12〕參考顧炎武《日知錄》卷二十，〈心學〉，頁 528，台北：文史哲出版社，1979 年 4 月版。

〔註13〕同註6，頁 1～2。

此「主潮」與「支流」便是清代學術異於明代心學的地方，也意味著清代學者思考方式與價值取向的轉變。迴溯自明中葉後，王學逐漸流於空疏，「講學之風以為極蔽，高談性命直入禪障，束書不觀，其稍平者則為學究，皆無根之徒耳。」〔註14〕宋明理學的特點乃在於心性之辨析功夫，學術隨著愈辨析而愈精微，言心、言性與天道是屬於抽象的性命之學，此對清儒而言是空虛近禪的學問，所以「一時才俊之士，痛矯時文之陋，薄今愛古，棄虛崇實。」〔註15〕清初，顧亭林嘗對《黃氏日抄》援禪附會《尚書·大禹謨》而提出批評：

> 近世喜言心學，捨全章本旨而讀論人心道心。甚者單摭道心二字，而直謂即心是道。蓋陷於禪學而不自知，其去堯、舜、禹受天下之本旨遠矣。
> 〔註16〕

其以為學者解經，因受心學影響，已偏離儒家經典的本旨，而落入禪學卻不自知。黃梨洲亦認為「儒者之學，經天緯地。而後世乃以語錄為究竟，僅附問答於伊洛門下，便廁儒者之列，假其名以欺世。」〔註17〕其批評明代學者捐棄群經，多資語錄之糟粕，卻假以儒學之名混淆天下之耳目。顏習齋更認為宋儒是集訓詁、玄學、佛學以及老莊之學的大成者，已非正統的原始儒家〔註18〕，乃嚴分漢代章句、魏晉清談與聖賢之學的差異性，其《存學編》謂：

> 自漢晉氾濫於章句，不知章句所以傳聖賢之道，而非聖賢之道也。競尚乎清談，不知清談所以闡聖賢之學，而非聖賢之學。（卷一，頁11）

可見，清初諸大儒者所攻擊的是宋明空言心性高蹈不實的學風。再者，儒者為眷戀故國，將明代亡國的命運指向性命之學，欲力矯其弊，思振民族人心於既亡，然為了振起頹亡的人心，則須返浮虛之習以求致用之方，因此，顧亭林提出的「經學即理學」除了含有對抗理學的意味外，更有強烈的「經世外王」思想〔註19〕，其所指

〔註14〕語見全祖望《鮚埼亭集》外編卷十六，〈甬上證人書院記〉，頁880，台北：世華出版社，1977年3月初版。

〔註15〕同註1，十、〈經學復盛時代〉，頁299。

〔註16〕引見顧炎武《日知錄》卷二十，〈心學〉，頁528，台北：文史哲出版社，1979年4月版。

〔註17〕語見黃梨洲《南雷文定》後集卷三，〈贈邊修弁玉吳君墓志銘〉，頁1，《四部備要》集部，台北：台灣中華書局。

〔註18〕顏習齋〈上太倉陸桴亭先生書〉云：「宋儒謂是集漢晉釋老之大成者則可，謂是堯舜周孔之正派則不可。」《存學編》卷一，頁12，《畿輔叢書》第23函，台北：藝文印書館，1967年6月影印初版。

〔註19〕近人李紀祥認為胡適、梁任公因受到民初科學主義的影響，對顧氏提出的「經學即理學」，只看成是對經學的「反玄學運動」，而未能及見他對儒學重建「經世外王」的面向。《明末清初儒學之發展》，頁128～130，台北：文津出版社，1992年12月

的經學，必須是本於六經之旨，且切於當世之務的「文」，其〈答友人論學書〉云：

聖人之道，下學上達之方，其行在孝悌忠信，其職在灑掃應對進退，其文在《詩》、《書》、《三禮》、《周易》、《春秋》。〔註20〕

要博學於文，方可法古用夏，以經世之文，才能移風易俗，達治平之用，故明其志曰：「道統三王大，功超二帝優，斯文垂繫，吾志在《春秋》。」〔註21〕乃欲以《春秋》爲志，撥亂反正，而建立三代二帝之道統以恢復百王之業，而達聖人治平之道，由此不難見出顧氏經世外王之用心。

黃梨洲雖以經學爲學問之根柢，然爲避免如明人講學只襲語錄糟粕，而主張「受業者必先窮經，經術所以經世，方不爲迂儒之學，故兼令讀史。」〔註22〕、「學必原本於經術，而後不爲蹈虛，必證明於史籍而後足以應務。」〔註23〕梨洲將讀書分爲經史二途，以學爲經術之本；以經世爲經術之理想，並兼以史籍作爲經世應務之根基。此外，顏習齋亦以《尚書》、《周禮》之「六府、三事、六德、六藝」發揮經世思想，力倡習行之論，從實習實踐中求得學問，而學問又不離事務，是個「實踐實用主義」者〔註24〕。可知清初學術一反虛浮之習，儒者依據經書闡明人事日用之理，發揮通經致用的微言大義，顯示清初儒者治學態度之嚴謹，不空言心性，講求實際，不僅奠下了清代學術務實的根基，更將經書中濟世經邦的思想擴展出來，進而影響了道、咸時期興起的今文經學，使其展現出與現實問題休戚相關的學術風格。

二、對乾嘉考據學之檢討

在清初幾位大儒的倡導下，已將「束書不觀，游談無根」的學風導向了崇實之學。又因顧亭林提倡經學即理學，標舉「讀九經自考文始，考文始自知音始，以至諸子百家之書，亦莫不然。」是爲考證學的先聲，再歷經閻若璩的《尚書古文疏證》、胡渭《易圖明辨》、姚際恆《古今僞書考》……等一連串由疑古而辨僞的工作後，啓迪了學者疑古辨僞、求眞求是之精神。另方面，由於清初文網甚密，文字獄頻興，

初版。

〔註20〕語見顧炎武《亭林文集》卷六，〈答友人論學書〉，頁16，《四部叢刊》初編集部，上海：上海書店，1926年版重印。

〔註21〕語見顧炎武《亭林詩集》卷三，〈答汪苕文書〉，頁4，《四部叢刊》初編集部，上海：上海書店，1926年版重印。

〔註22〕語見全祖望《鮚埼集》，〈黎洲先生神道碑文〉，卷十一，頁136，台北：世華出版社，1977年3月初版。

〔註23〕同註14。

〔註24〕梁啓超認爲顏元的「習」是說凡學一件事都要用實地練習工夫，故稱爲「實踐主義」，而用世之心極熱，凡學問都要以有益於人生，可施諸政治爲重，又稱他爲「實用主義」。《中國近三百年學術史》，頁118，台北：華正書局，1979年5月版。

學者文字稍有不愼，便招來下獄或誅連之禍〔註25〕。因之，學者爲避免招禍，紛紛轉向文字堆中做學問。至乾隆時期，學者除了致力於古籍的整理，與語言文字的研究外，考據之對象已從經義的詮釋擴及史地、天文、曆算等方面，就其治學精神而言，以「實事求是」爲主；就其治學方而論，以「無徵不信」爲要〔註26〕，此乃乾嘉學派之特色。

然學者以考據爲尙，一字之徵引可博及萬卷，埋首於考據的結果，導致研究方法的繁瑣破碎，《四庫提要・經部總敍》言：「國初諸家，其學徵實不誣及其弊也瑣。」（卷一，頁 2）當是指此而言。過於重視考據以通經，只能求得聖賢義理之眞，而非聖賢行爲本身及其工夫所造的境界〔註27〕，將產生研究結果的孤立性，而無法涉入實際生活層面，與清初通經致用之學相去甚遠。因之，逐漸有學者對於考據的旁衍歧超，發出批判之聲。身處於乾、嘉之際的許宗彥，即指出考證訓詁之學的弊病，其言曰：

> 考證訓詁名物，不務高遠，是知有下學不知有上達，其就瑣屑散亂，無所統紀，聖賢之學不若是矣。〔註28〕

考據之學雖具備下學工夫，但因瑣屑散亂，而忽略窮研心性之上達，致使無法貫通上下，實非聖賢之學境。許氏又批評當日學者以字通辭，以辭明道的治經方式其《鑑止水齋集》〈學說〉篇曰：

> 今之治經者，吾惑焉，其言曰：「聖人所以明道者辭也，以成辭者字也，由字以通其辭，由辭以通其道，必有漸。」然字有篆隸之異，聲有古今之殊，考之蒼雅，攻其訓詁，其有不通，又必博稽載籍，輾轉引伸以說之，一字之誼，紛紜數千言，冗不可理，而相推以爲古學。（卷十六，頁 2）

許氏之言乃針對漢學家所標榜「訓詁明而古經明」、「求義理於古經之內」的論調而發，認爲漢學家爲了文字聲音的差異，而大費訓詁博稽之工，實不免有繁雜冗沓之弊。

理學家方東樹所著《漢學商兌》一書，道統觀念甚重，以攻擊漢學爲務，雖不

〔註25〕清初著名的文字獄有：康熙時莊廷瓏的史明獄、戴名世的南山集獄、雍正時曾靜、呂留良的文評獄，以及乾隆時胡中藻的詩鈔獄。詳見蕭一山《清代通史》冊（一），頁917～931；冊（二），頁 18～21。台北：台灣商務印書館，1967 年 1 月修訂本台 4版。

〔註26〕參見胡師楚生所著《清代學術史研究》，二、〈顧亭林對於清代學術之影響〉，頁 20，台北：台灣學生書局，1993 年 3 月版。

〔註27〕陸寶千認爲「聖賢之義理由若干概念所組成，而考據之術僅得一名詞之舊義，無法合於流動之概念。」見《清代思想史》，頁 188，廣文書局，1978 年 3 月初版。

〔註28〕引見許宗彥《鑑止水齋集》〈學說〉，卷十四，頁 16，清咸豐八年重刻本。

免有主觀偏頗處，然亦有中肯之論〔註29〕，其言曰：

> 漢學諸人，言言有據，字字有考，只向紙上與古人爭訓詁形聲，傳注駁雜，
> 援據經籍，證佐數百千條，反之身己心行，推之民人國家，了無益處，徒
> 使人狂惑失守，不得所用。〔註30〕

漢學家言有據，字有考，卻無法落實於身心，推及於社會國家，如此龐雜的研究成果，所為何來？且經典所載諸多義理全是修身、齊家、治國、平天下的大道，與典章制度無關者甚多〔註31〕，因此連篇累牘之考據工作，並無法提供人生的指導，確實令人不得不困惑。於學術上主張融合漢、宋學的陳澧，對漢學弊端亦提出批評：

> 百餘年來說經者極盛，然多解其文字而已。其言曰：「不解文字，何由得
> 其義理？」然則說文字者，欲人之得其義理也，若不思義理，則又何必紛
> 紛然解其文字乎？〔註32〕

陳澧此言已釐清了手段與目的之別，考證訓詁當是考求經義的手段，而不應該本末倒置，把手段當為目的，讀經最重要的是從中悟出世道人心之義理，以警醒世人，才有補於社會。漢學的弊端正在於它訓釋甚精，考證甚博，卻偏離了人生日用。因此，考據之學僅是「術」而非「學」，以術治經，成就的是典章制度、名物訓詁，若要求得修齊治平之道，仍有相當的阻隔。因之，對於乾嘉漢學做種種檢討後，最終仍須回歸學術自身之轉變，以補偏救失，今文經學的復起，正是乘這勢態而來，錢穆《中國近三百年學術史》對此曾作說明：

> 主張自古訓求義理，起自竹汀、定宇諸人，至芸臺而竭，植之遂有以掎其
> 後，然後微言大義之說起，此亦漢學窮極必變之一端也。（頁482）

復興的今文經學，在於以不同的經學思考方式，力求擺脫繁瑣的考證工作，直接從事義理的探究，即放棄考據之學而尋求經典中的微言大義，並重視當前的政治制度。

綜上所述，雖然清初的經世思想在乾嘉時期因考據之風的興盛，而漸趨衰微，

〔註29〕此處採梁啟超謂方東樹《漢學商兌》：「為宋學辯護處，固多迂舊，其針砭漢學家處，卻多切中其病。」之說而成，見《清代學術概論》，頁112，台北：台灣商務印書館，1985年2月台2版。

〔註30〕引見方東樹《漢學商兌》卷中之上，頁16，《叢書集成續編》，台北：新文豐出版公司，1991年7月台1版。

〔註31〕同前註，方東樹《漢學商兌》：「至謂古聖賢義理，即存乎典章制度，則試詁以經典所載，曰欽、曰明、曰安、曰恭……曰賤利重義、曰殺身成仁。反而言之，曰驕泰、曰奢肆……曰讒諂、曰貪鄙。凡諸義理，皆關修齊治平之大，實不必存乎典章制度，豈皆為異端邪說與！」卷中之下，頁12。

〔註32〕引見《清儒學案》〈東塾學案下〉，一七五卷，頁29，台北：世界書局，1979年4月3版。

然漢學自乾嘉以後，長期佔據著學界成爲炙手可熱之「學閥」，思想界遂形成漢學專制的局面〔註33〕。由專制導致凝滯不前，造成學術領域的狹窄化，遂無法配合時代環境的改變，更不能滿足社會之需要，學者除了紛紛檢討漢學本身的流弊，反對繁瑣破碎的考據工作，轉化不務實際的乾嘉學風外，清初通經救世的思想再度被提起，甚至援引經義以論政，逐漸側重探求儒家經典的微言大義，其治學精神與清初仍是遙遙相承。在國家社會動盪不安之際，讀書人轉變紙堆的鑽研，傾向於事功方面的關懷，使此一新興學風，顯得更能適應時代的需要。

第二節　公羊學之歷史沿革及其特色

上節已說明了清代今文經學所以復盛的外緣概況，以及學術本身內在的理論因素，而在此因緣際會上，今文經學的主流——「公羊學」最能突顯其符合時代趨勢之特色。然今文經學在清代既稱「復興」，自是指有所承襲，因之，對清代《公羊》學的溯源，則需推向西漢董仲舒與東漢何休。

壹、《春秋》經傳與公羊學

孔子據魯史而作《春秋》，其「筆則筆，削則削，游、夏之徒不能贊一辭」，深寓褒貶於書法中，而《春秋》之所以作，依《孟子‧滕文公》篇言：

> 世衰道微，邪說暴行有作，臣弒其君者有之，子弒其父者有之，孔子懼作《春秋》。《春秋》天子之事也，是故孔子曰：「知我者其爲《春秋》乎！罪我者其爲《春秋》乎！」（卷六下，頁4）

又《孟子‧離婁下》篇云：

> 王者之跡熄而詩亡，詩亡然後《春秋》作。……其事則齊桓、晉文，其文則史。孔子曰：「其義則丘竊取之矣。」（卷八上，頁12）

周室衰微，諸侯放恣，孔子藉修《春秋》以寄託政治理想，藉以闡明「微言大義」〔註34〕。孔子之後，傳《春秋》者有左氏、公羊氏、穀梁氏、鄒氏、夾氏五家，但

〔註33〕參考梁啓超《清代學術概論》，頁116，台北：台灣商務印書館，1985年2月台2版。
〔註34〕《春秋》之言隱微，其義深廣遠大。「微言」、「大義」之詞，首見於《漢書‧楚元王傳》劉歆〈讓太常博士書〉曰：「夫子沒而微言絕，七十子終而大義乖。」然「微言」、「大義」究竟何指？人人言殊，難有定論。皮錫瑞以今文學家之觀點言：「所謂大義者，誅討亂賊以戒後世是也。所謂微言者，改立法制以致太平是也。……大義顯而易見，微言隱而難明。」《經學通論》四、〈春秋通論〉，頁1，台北：河洛圖書出版社，1974年12月台景印初版。

因鄒氏無師，夾氏有錄無書，故今所傳者，僅《左氏》、《公羊》、《穀梁》三家。在探究《春秋》的傳記中，今文學家認爲《公羊傳》乃最得聖人之旨，於孔子之微言大義多有所發揮。然《春秋》之意原本隱微其詞，僅口授其義而已，因之有關《公羊傳》的作者、成書經過、與傳授情形，歷來學者辨難甚繁〔註35〕，由於非關本文寫作之主旨，故不擬討論。僅據隱公二年何休《公羊解詁》所言：「孔子畏時遠害，又知秦將燔詩書，其說口授相傳，至漢公羊氏及弟子胡毋生等，乃始記於竹帛。」（卷二，頁5）由口授經義而著於竹帛，故經文之微詞；《春秋》之義理，均賴《公羊傳》而得彰顯。然「公羊學」與《公羊傳》究是有分別的，陳柱《公羊家哲學·序》認爲：

> 蓋今所得之《春秋公羊傳》與其謂爲孔子之《春秋》，無寧謂爲《公羊》之《春秋》，自董仲舒、何休以下，皆說《公羊》之學，而亦各不能盡其同，與其定孰爲《公羊》之眞，無寧統名爲《公羊》家之學，條其大義，去其乖戾，使世之學者，得以覽其通焉。（頁2）

可知《公羊》家解說之《春秋》已非原孔子之《春秋》，大體而言《公羊傳》本身謹嚴質實，未參雜陰陽災異之說或異議可怪之論。《公羊》學則是經過歷代治《公羊》學者，以《公羊傳》爲主體，除推闡《春秋》之學外，並引申附會其他學說，所形成的學術思想體系〔註36〕。因之，《公羊》學經過歷代經術思想、政治型態、及學者本身的才識等因素交互影響後，自然與《公羊傳》的本旨相異其趣。

貳、西漢之公羊學

漢初，胡毋生與董仲舒並爲《公羊》大家，《史記·儒林列傳》有言：

> 言《春秋》於齊、魯自胡毋生，於趙自董仲舒。……董仲舒，廣川人也。以治《春秋》，孝景時爲博士。……漢興至於五世之間，惟董仲舒名爲明於《春秋》，其傳《公羊》氏也。

董仲舒以治《春秋》名家，其推崇《春秋》爲「上揆天之道，下質諸人情，參之於

〔註35〕關於《公羊傳》的作者、成書經過、傳授情形，可參考李新霖《春秋公羊傳要義》，頁2～22，台北：文津出版社，1989年5月初版。阮芝生《從公羊學論春秋的性質》，頁5～7，台北：台灣大學文學院，1969年8月初版。

〔註36〕周予同《經學史論著選集》：「所謂『公羊學』，就是歷代學者或儒教教徒或利用《公羊傳》而形成的一種學術或思想體系。」，頁500，上海：人民出版社，1983年11月。阮芝生《從公羊學論春秋的性質》：「《公羊》學者，以《公羊傳》爲主說《春秋》之學也；既言以《公羊傳》爲主，是不獨限於《公羊傳》一書矣，猶當有其上探下考旁求之佐證與依據。」頁2，台北：台灣大學文學院，1969年8月初版。此乃略參考兩者之意而成。

古，考之於今。」〔註37〕可知《春秋》包羅了天道、人事與萬物，涵蓋古往今來的時空變化，因之，董仲舒的理論源自《春秋》，並闡發其中的微言大義，以傳授《公羊春秋》。《漢書・五行志》亦云：「景、武之世，董仲舒治《公羊春秋》，始推陰陽，爲儒者宗。」可知董仲舒除博通五經，尤擅長《公羊春秋》外，並兼及陰陽之學，受武帝及當時學者之尊重。董氏的《公羊》學體系是從現實的政治形勢發展而來，其以張三世、通三統（一名存三統）以及異內外爲核心，再輔以「受命改制」、「五行生剋」及「陰陽災異」諸說完成其《公羊》學說體系。如果說《賢良對策》是董仲舒對《公羊》思想的初步運用，而其代表作《春秋繁露》則是對《公羊》思想作更高層次的發揮。茲略述《春秋繁露》中三科九旨之義：

一、通三統

《春秋繁露・三代改制質文第二十三》云：

《春秋》應天作新王之事，時正黑統，王魯尚黑，絀夏、新周、故宋。

又曰：

《春秋》上絀夏，下存周，以《春秋》當新王。《春秋》當新王者奈何？曰：王者之法必正號，絀王謂之帝，封其後以小國，使奉祀之。下存二王之後以大國，使服其服，行其禮樂，稱客而朝，故同時稱帝者五，稱王者三，所以昭五端，通三統也。是故周人之王，尚推神農爲九皇，而改號軒轅，謂之皇帝。因存帝顓頊、帝嚳、帝堯之號，絀虞而號舜曰帝舜，錄五帝以小國，下存禹之後于杞，存湯之後于宋，以方百里，爵號公，皆使服其服，行其禮樂，稱先王客而朝。《春秋》作新王之事，變周之制，當正黑統，而殷、周爲王者之後，絀夏改號禹，謂之帝禹，錄其後以小國。故曰絀夏、存周，以《春秋》當新王。

依古代制度〔註38〕，新王需封前二代之子孫以大國，爲二王後，連同新王爲三王。又推其前五代，封其後以小國，是爲五帝，再推其前九代爲九皇，封其後爲附庸。因此孔子作《春秋》，尊魯爲新王，因繼周而王者，當封殷、周爲二王後，而絀夏改號禹爲帝，並封其後以小國。關於三統之內容，詳載於《春秋繁露・三代改制質文》篇〔註

〔註37〕語見《漢書・董仲舒傳》第二十六，卷五六，頁15，《四部備要》，台北：台灣中華書局。

〔註38〕皮錫瑞《經學通論》四、〈春秋通論〉曰：「存三統尤爲世所駭怪，不知此是古時通禮，並非《春秋》創舉，……《春秋》存三統，實原於古制。」頁7，台北：河洛圖書出版社，1974年12月台景印初版。

〔註39〕三統之內容，詳載於《春秋繁露・三代改制質文》篇：「三正以黑統初，正日月朔於營室，斗建寅……其色黑，……犧牲角卵，冠于阼，昏禮逆于庭，喪禮殯於東階之

39），凡舉正朔、歲首、顏色，甚至於犧牲、冠禮、婚禮之位等，均各有一套完備的制度，而「《春秋》上絀夏，下存周，以《春秋》當新王。」董仲舒由此推衍出「通三統」的觀念。通三統係指不僅保有當時的正統，還需上推前二代，以存二王之後，其重要的意義乃在保存舊有的制度，以便觀察三統循環的演變過程，而知所取捨。

二、張三世

《春秋繁露·楚莊王第一》云：

> 《春秋》分十二世以爲三等：有見、有聞、有傳聞。有見三世，有聞四世，有傳聞五世。故哀、定、昭，君子之所見也；襄、成、文、宣，君子之所聞也；僖、閔、莊、桓、隱，君子之所傳聞也。所見六十一年，所聞八十五年，所傳聞九十六年。於所見微其辭；於所聞痛其禍；於所傳聞殺其恩，與情俱也。……義不訕上，智不危身，故遠者以義諱，近者以智畏，畏與義兼，則世逾近，而言逾謹矣，此定、哀之所以微其辭。

張三世之說，分別見諸於《公羊傳》隱公元年、桓公二年、哀公十四年，三次述及「所見異辭，所聞異辭，所傳聞異辭」之義，顯示《春秋》在時間方面有遠近之別。因之，董仲舒將《春秋》十二公劃分爲所見、所聞、所傳聞三個段落，並以時代之遠近而異其書法，分別以「微其辭」、「痛其禍」、「殺其恩」三種不同的用辭記載之，正顯示隨著時間遠近的不同，對待亦有區別，因爲久遠之事有所避諱；近世之事有所畏忌，時代越近論說亦需更謹慎。可知董氏申述三世異辭之情已由《公羊傳》之文例，演變爲《公羊》學之義例。

三、異內外

「異內外」之說求諸《公羊傳》成公十五年曰：

> 《春秋》內其國而外諸夏，內諸夏而外夷狄。王者欲一乎天下，曷爲以內外之辭言之？言自近者始也。

《公羊傳》將天下劃分爲三區，所謂「其國」者，乃指魯國而言；「諸夏」則指魯國之外的中原各國；「夷狄」則是中原四周的夷狄之國。董氏《春秋繁露·王道第六》亦云：

> 親近以來遠，故未有不先近而致遠者也。故內其國而外諸夏，內諸夏而外

上，……故日分平明，平明朝正。正白統者，歷正日月朔于虛，斗建丑，……其色白，犧牲角繭，冠于堂，昏禮逆于堂，喪事殯于楹柱之間，……故日分鳴晨，鳴晨朝正。正赤統者，歷正日月朔于牽牛，斗建子，……其色赤，……犧牲角栗，冠于房，昏禮逆于戶，喪禮殯于西階之上，……故日分夜半，夜半朝正。」卷七，頁4～5，《四部叢刊初編》本，上海：據商務印書館1926年版重印。

　　夷狄，言自近者始也。

除強調空間上的「自近及遠」外，並與《春秋》「內其國而外諸夏；內諸夏而外夷狄」，王道之行自近者始的精神相契合。

　　由董氏《春秋繁露》一書所透顯的《春秋》之意，已使《公羊》學說之體系清晰可見。皮錫瑞曾盛讚《春秋繁露》曰：「聖人之微言大義，復明於世，漢人之解說《春秋》者，無有古於是書，而廣大精微，比《伏生大傳》、《韓詩外傳》尤為切要。」〔註40〕董仲舒藉著《春秋繁露》將原本立足於具體人事的《春秋》及《公羊傳》有系統的納入其天人思想體系中，以天道及陰陽五行之說，闡發《春秋公羊傳》的微言大義〔註41〕，並將《公羊》學與西漢政治巧妙的相結合，遂使《公羊》學說盛行於當世。因之，中國學統之重建雖在董仲舒手中完成，卻也導致孔子之學至此發生變化，換言之，儒家學說之精義雖至董仲舒發生質變〔註42〕，然就儒學發展而言，董仲舒自有其貢獻與地位，其學說除對當時學術界造成重大影響外，迄至清代《公羊》學之思想亦承董氏之說而來，觀其影響不可不謂之深遠矣！

參、東漢之公羊學

　　董仲舒對《公羊》學說作開創性的發揮應用，而東漢的何休則對《公羊傳》本身下了整理歸納的工夫，實集兩漢《公羊》學之大成，故劉逢祿盛讚曰：「何君生古文盛行之日，廓開眾說，整齊傳義，傳經之功，時罕其匹。」〔註43〕何休為人質樸木訥，精研六經，曾參與陳蕃政事，後因蕃敗，坐廢錮，於是作《春秋公羊解詁》，又以《春秋》駁漢事六百餘條，得《公羊》本旨，並曾與博士羊弼，追述李育意，以難《左》、《穀》二傳，遂有《公羊墨守》、《左氏膏肓》、《穀梁廢疾》之作，今皆已亡佚，僅存者為《春秋公羊解詁》其中有許多「非常異議可怪之論」，其在《春秋公羊文諡例》中曾歸納《春秋》之文例有「五始、三科、九旨、七等、六輔、二贊」，然最為關鍵者為　「三科九旨」，徐彥《公羊疏》曰：

　　　　三科九旨，正是一物。若總言之，謂之三科；科者，段也。若析而言之，
　　　　謂之九旨；旨者，意也。言三個科段之內，有此九種之意。（卷一，頁4）

〔註40〕同註38，頁5。
〔註41〕賴炎元《春秋繁露今註今譯》言：「《春秋繁露》這部書主要是以天道及陰陽五行之說來闡發《春秋公羊傳》的大義。」此處乃採其意而成，頁5，台北：台灣商務印書館，1992年11月，初版第3次印刷。
〔註42〕此處採簡師博賢先生之說。
〔註43〕語見劉逢祿《公羊春秋何氏解詁箋·敘》，《皇清經解》本，卷一二九○，頁1，台北：藝文印書館，1963年6月版。

徐彥引《春秋公羊文諡例》述其要目：

> 三科九旨者：新周、故宋，以春秋當新王，此一科三旨也；所見異辭，所聞異辭，所傳聞異辭，二科六旨也；又內其國而外諸夏，內諸夏而外夷狄，是三科九旨也。（卷一，頁 4）

何休《公羊解詁》之作，即以此「三科九旨」爲《春秋》撥亂之法，庶幾於人道浹，王道備，而致太平之世。以下分述其義，以見梗概：

一、通三統

何休於《公羊傳》隱公三年「春，王二月」下《公羊解詁》云：

> 二月、三月皆有王者，二月殷之正月也；三月夏之正月也。王者存二王之後，使統其正朔，服其服色，行其禮樂，所以尊先聖，通三統，師法之義，恭讓之禮，於是可得而觀之。（卷二，頁 6）

又《公羊傳》莊公七年「此何以書新周也」下《公羊解詁》云：

> 孔子以《春秋》當新王，上黜杞，下新周而故宋。（卷十六，頁 18）

「新周、故宋、以《春秋》當新王」，乃《公羊》學以《春秋》受命改制之義。新王受天命而興，故「必徙居處，改正朔，易服色，殊徽號，變犧牲，異器械。」然新王除受命改元立制外，且當封前兩王朝之子孫以大國，爲二王後。今以《春秋》當新王，則當封殷、周爲二王後，並皆使統其正朔，服其服色，行其禮樂而不改。因此，《公羊解詁》言存三統之大要，探究其終極意義，乃在建立《春秋》當新王，託命於魯之理論基礎。

二、張三世與異內外

何休將《公羊傳》及董仲舒《春秋繁露》中「所見、所聞、所傳聞」之說法，再加以引申，而成《公羊解詁》「張三世」之說。《公羊傳》隱公元年「十二月公子益師卒」下《公羊解詁》云：

> 所見者，謂昭、定、哀，己與父時事也。所聞者，謂文、宣、成、襄，王父時事也。所傳聞者，謂隱、桓、莊、閔、僖，高祖、曾祖時事也。異辭者，見恩有厚薄，義有深淺。時恩衰義缺，將以理人倫，序人類，因制治亂之法。……於所傳聞之世，見治起於衰亂之中，用心尚麤糙，故內其國而外諸夏，先詳內而後治外，錄大略小，內小惡書，外小惡不書。大國有大夫，小國略稱人，內離會書，外離會不書是也。於所聞之世，見治升平，內諸夏而外夷狄，書外離會，小國有大夫。……至所見之世，著治太平，夷狄進至於爵，天下遠近小大若一，用心尤深而詳，故崇仁義，譏二名，……

> 所以三世者，……故《春秋》據哀錄隱，上治祖禰，所以二百四十二年者，
> 取法十二公，天數備足，著治法式，又因周道始壞，絕於惠、隱之際。（卷
> 一，頁23）

董仲舒所言之「三等」至何休變爲「三世」，且將遠近、詳略、輕重之旨納於三世之
說，即融異內外於張三世之中，以見其撥亂致治之法。何休將所見世稱爲太平世；
所聞世稱作升平世；所傳聞世稱爲衰亂世。衰亂之世，諸侯割據，未能一統，於《公
羊傳》之義法爲「內其國而外諸夏」，以魯國爲主體；至升平之世，逐漸統一華夏，
於是進一步「內諸侯而外夷狄」；至太平之世則天下大一統，「夷狄進至於爵，天下
遠近大小若一」。可知內外夷夏實有分別，即指王化自近及遠，由其國而諸夏而夷狄，
以漸近大同。然何休述三世之義，與《春秋》史實矛盾，徐彥疏則曰：

> 當爾之時，實非太平，但《春秋》之義，若治之太平於昭、定、哀也。猶
> 如文、宣、成、襄之世，實非升平，但《春秋》之義而見治之升平然。（卷
> 一，頁24）

春秋二百四十二年中，時代愈後政治愈亂，然何休以《春秋》爲撥亂反正之理想，
認爲致治起於衰亂中，由「撥亂世」經「治升平」而「致太平」，因時代之不同，新
王朝之制度，愈後愈謹嚴，顯示政治應不斷進步。何休三世進化之理論，迄至清代，
遂爲《公羊》學者大張三世之說的依據，致使三世之說更形複雜。

由於《公羊傳》本據亂而作，其中多非常異義可怪之論，何休爲之作注，自是
遭到歷來學者諸多批評，李慈銘《越縵堂讀書記》即謂：「三傳惟《公羊》最偏譎，
何休注亦最駁。」因《公羊傳》之偏譎，亦導致何休注訓的駁雜，王應麟《困學紀
聞》批評何氏最烈，其言曰：「蘇氏謂何休《公羊》之罪人，晁氏謂休負《公羊》之
學，五始、三科、九旨、七等、六輔、二類、七缺，皆出於何氏，其墨守不攻而破
矣。」因何休長於陰陽五行之學，故其多引讖緯以訓釋《公羊傳》，且其黜周王魯之
說於傳中並無明文，諸如此類背離《公羊》本傳之注訓方式，均是何休受攻訐的重
要原因。然儘管如此，何休對於《公羊》學亦有其重要貢獻，觀《公羊解詁》之作，
除將許多隱晦之傳文加以闡釋外，也是從戰國至漢末，爲《公羊》義法作總結的第
一人〔註44〕。《公羊》學隨政治、社會之演變，不斷的發展與變化，後世之《公羊》
學者，雖上承董仲舒之《公羊》思想，卻也藉助著何休的《公羊》義例，作更多的
發揮。自清代中葉以後，今文經師所以大張《公羊》學說者，均以何休之《公羊解

〔註44〕此說採楊向奎〈論何休〉：「何休是爲《公羊》學作總結的人」，收入林慶彰編《中國
經學史論文選集》上冊，頁439，台北：文史哲出版社，1992年10月初版。

詁》做爲闡發今文博士微言大義之憑藉〔註45〕，以此可見，何休之《公羊》學對於學術之影響，自有其積極的意義。

肆、清代之公羊學

因清代研究《公羊》學者眾多，所以今文經學在清代復盛，諸家皆有其獨特之思想學說，或作文字訓詁；或是義例推衍；或援之以議時政；或藉之以改革變法，……造成《公羊》學蓬勃發展。清代《公羊》學乃爲一龐大研究課題，與本文之撰寫相關甚多，特將清代《公羊》學之演變，略作一簡單論述〔註46〕，以承前緒：

一、莊存與

清代《公羊》學啓蒙於常州莊存與，其與皖派戴震同時，然治經之途徑卻不相同。其「生平踐履篤實，於六經皆能闡發奧旨，不專事箋注，而獨得先聖微言大義於語言文字之外。」〔註47〕雖於六經皆有著述，然因其不專研於典籍之箋注，遂於名物訓詁之外，而著有《春秋正辭》一書，大旨本諸《公羊傳》、董仲舒《春秋繁露》與何休《公羊解詁》之說，並旁採《左氏傳》、《穀梁傳》及宋元諸家之說，以發揮《公羊》傳義，以闡述《春秋》微言大義，今文經學於是由微而顯，莊氏《春秋正辭》曰：「《春秋》以辭成象，以象垂法，示天下後世聖心之極，觀其辭心必以聖人之心存之，史不能究，游夏不能主，是故善說《春秋》者，止諸至聖之法而已矣。」可知其除捨棄名物訓詁之學外，亦不同於宋、明以來的義理之學，致力發揮《春秋》微言大義，言張三世、通三統、受命改制諸義，深刻地影響了後世學者。

二、劉逢祿、宋翔鳳與戴望

莊存與固可稱爲清代復興今文經學的創始人，但畢竟是創始之學，體例尚未嚴密。迄劉逢祿發揮莊氏之學後，常州《公羊》學派至此才正式成立，其嚴格劃分今古文，爲清代今文經學之奠基者。其視《春秋》爲群經中最精粹者，而推崇董仲舒與何休之《公羊》義例及家法，視之足以網羅經義而不遺。因之，劉逢祿欲探源董仲舒，並發揮何休張三世例、通三統例、異內外例……等義例。然清代之今文學家，多以《公羊》微言貫通群經，故引何休之義及於《論語》，並以之比附《詩》、《易》、

〔註45〕參考錢穆《中國學術思想史論叢》（三），頁46，台北：東大圖書公司，1977 年 7 月初版。

〔註46〕由於劉逢祿、宋翔鳳、戴望、康有爲等四位《公羊》學家，於本論文均有獨立章節加以論述，因之，下筆自有輕重不同。

〔註47〕引見徐世昌《清儒學案》，〈方耕學案〉，卷73，頁1，台北：世界書局，1979 年 4 月 3 版。

《尚書》、《禮記》諸經。經劉逢祿專心致力於《公羊》學,《公羊》學說因此而日漸擴大,並給予晚清今文經學之發展以決定性之影響。另有宋翔鳳亦承莊氏之學,以為《論語》、《大學》皆與《春秋》息息相關,故援以《公羊》學解說之,而著有《論語說義》、《大學古義說》。再者,德清戴望亦窺西漢微言大義之學,且深善劉逢祿《論語述何》及宋翔鳳《論語說義》之說,乃因其義據,推其未備,遂引《公羊》義例以撰注《論語》,亦為《公羊》經師。

三、凌曙與陳立

江都凌曙,以《春秋》之義存於《公羊》,《公羊》之學乃傳自董子,董子《春秋繁露》體大思精,推見至隱,善發微言大義,故博稽旁討,梳櫛章句為《春秋繁露注》十七卷。又病自宋、元以來,學者空言無補,惟當實事求是,然事之切實無過於禮者,於是治《公羊》學專重禮制,此乃異於莊存與、劉逢祿詳義例而略典禮訓詁之治學方式。曉樓弟子陳立,乃承其緒衍於《公羊》學,用心至深,極力闡發《公羊》家三科九旨之說,博稽典籍,凡唐以前《公羊》大義及清代諸家之說《公羊》者,皆左右采獲整齊排比,融會貫通而草創三十年長編,以成《公羊義疏》七十六卷。

四、龔自珍與魏源

劉逢祿弟子龔自珍,自年少起即關懷世風時政,從劉逢祿習《公羊》學後,即以《公羊》學論政、論學,然並未對《公羊傳》本身作注疏或條例,並特重《公羊》三世之說,以應用於實際政事。因此,《公羊》學至龔自珍成了論政之工具,為議論時政之思想基礎。邵陽魏源與龔自珍齊名,其特標舉西漢之董仲舒,將經學重心由東漢轉向西漢〔註48〕,亦據《公羊》通三統之義以論學、論政,主張進行變革,且以辨偽之精神批判古文經學,促成今文經學的全面研究,使常州專論《公羊》大義之學,推向五經,甚而疑及古文,使今、古文學的壁壘建立。可知龔、魏兩人「以經言政」,遂使託古改制之思想亦隨之形成,為清季學風轉變之關鍵。

五、譚嗣同與康有為

《公羊》學迄至晚清,一方面因今文經學通經致用之結果,另方面又因時勢所致,承繼龔、魏以經術作政論之遺風,始本《公羊》學以言變法改制。瀏陽譚嗣同著有《仁學》一書,宗旨在於衝決網羅,打破偶像,主張變法必待乎革命,

〔註48〕魏源《古微堂外集》〈兩漢經師今古文家法考敘〉曰:「今日復古之要,由訓詁聲音以進於東京典章制度,此齊一變至魯也;由典章制度以進於西漢微言大義,貫經術政事文章於一,此魯一變至道也。」卷一,頁36,清光緒四年八月淮南書局刊本。

俟君統破、僞學衰，而後綱常之教不立，人得平等以自竭其心力而復乎仁，然後乃可以爭存於天下而挽救劫運〔註 49〕。其援引《公羊》三世義，將早年之三世退化論結合後來的進化思想，而以《易經》乾卦六爻內外逆順爲說，呈現其「繁複化」之三世模式〔註 50〕。

　　南海康有爲則發展龔、魏之思想，其以《禮記・禮運》篇之思想爲中心，貫穿四書，特重《公羊》改制三世之說，援之爲國家大統，立憲共和制度形成之依據，並以之作爲批評時政之工具，倡言變法，造成當時政治之震撼，故觀康氏所謂《公羊》三世改制之說，實爲其主張變法改革之理論根據，並納西洋進化論於其中，以釋其經世之志，可知當其時之學術思想，與政治確乎具有密不可分之相關性。

　　總結本章所言，漢代今古文之分，實肇於治經者，對於文字篇章或解說學派之差異所致。然自鄭學盛行後，今文經學逐漸衰微，佛學、理學成爲學術主流。迄至清代，客觀環境面臨重大轉變，內憂外患交相煎迫，喚醒讀書人之時代意識，紛紛從原以安身立命之訓詁工作，轉爲對時代之關懷，於是經世致用觀念再度勃興，以實用之論替代玄虛之談。另方面考證之風，經乾嘉鼎盛後，亦因走入繁瑣破碎，而在學者的反省、批判下，學術回歸於通經致用，以求與世相應之道，並在內緣外因相互影響下，今文經學遂得以復興，而以微言大義爲主之《公羊》學歷經兩漢發展後，已具時代特色，期間雖沈寂千餘年，然至清代乾、嘉之後，又再度翻騰。率先由常州《公羊》學派，莊存與、劉逢祿、宋翔鳳等人舉起獨尊《春秋公羊》之旗幟，除闡釋發揮今文經學特色外，亦隨著常州學派之擴大，學者已不再遵循傳統《公羊》義例，而以通經致用之思想，運用於實際政事上，借經書中之微言大義以論議時政或託古改制，進而成爲從事政治改革活動之理論基礎。因之，《公羊》學成了傳達個人學術思想或政治理念之依據。

〔註49〕此處依錢穆《中國近三百年學術史》（下冊）所述譚嗣同《仁學》之要旨而成，頁 675，
　　　　台北：台灣商務印書館，1990 年 10 月台 10 版。
〔註50〕孫春在《清末的公羊思想》第三節〈各公羊思想家的「三世」模式〉，將譚嗣同的三
　　　　世說歸爲「繁複化」後的三世模式，頁 152，台北：台灣商務印書館，1985 年 10 月
　　　　初版。

第三章　劉逢祿《論語述何》研究

第一節　劉逢祿及其《論語述何》著作動機

壹、生平略傳

　　劉逢祿生於乾隆四十一年（西元 1776 年）；卒於道光九年（西元 1829 年）。字申受，一字申甫，號思誤居士，江蘇武進人，大學士劉綸之孫；李部侍郎莊存與的外孫；即莊述祖之外甥，故自少年時即從舅父述祖學習，最終遂盡得外家之傳。嘉慶十一年中順天鄉試，座主孔昭虔，世傳《公羊春秋》得劉氏之卷大驚，以國士待之。十九年中進士，選翰林院庶吉士，散館授禮部主事，二十五年，仁宗皇帝駕崩，乃收集大禮，創爲長編，自始事至奉安山陵，皆典章具備，其後承修官書者，皆全用其稿。道光四年，補儀制司主事，以草牒釋「外夷貢道」之疑而說服越南貢使，劉氏在禮部十二年間，乃專心致力於學問之研求，遇有疑事則以經義決之。

　　劉氏爲學篤守今文家法，務求微言大義，而不專泥於章句，其致力最深，最爲推崇者爲《春秋》，其《公羊何氏釋例・自序》以爲「聖人之道備乎五經而《春秋》者，五經之莞鑰也……撥亂反正，莫近《春秋》。」此乃其重視經書的經世作用，又以「《春秋》始元終麟，天道浹，人事備，以之網羅眾經，若數一二，辨白黑也。」〔註 1〕而認爲歷代學者治經之失，或「曲學阿世」或「棄置師法」或「以和合傳義斷根取節」〔註 2〕，深慨聖人微言大義之不傳。雖讚賞毛氏古詩故訓精詳；虞氏易

〔註 1〕語見劉逢祿《公羊何氏解詁箋・自序》，收錄於《皇清經解》本，卷一二九〇，頁 1，
　　　　台北：藝文印書館，1963 年 6 月初板。
〔註 2〕語見劉逢祿《公羊何氏釋例・自序》，收錄於《皇清經解》本，卷一二八〇，頁 2，

學精於象變，然亦評之「略微言、罕大義」。因之，對於能知類通達，顯微闡幽，專治《公羊春秋》的董仲舒、何休則推崇備至，故其《公羊何氏解詁箋・自序》言：

> 董生下帷講誦三年，何君閉戶十有七年，自來治經孰有如二君之專且久哉！余自童子時，癖嗜二君之書，若出天性，以爲一話一言，非精微眇通，倫類未易，窺其蘊奧，何君生古文盛行之日，廓開眾說，整齊傳義，傳經之功，時罕其匹，余實篤信，謂晉、唐以來之非何氏者，皆不得其門，不得升堂者。

由此以見劉逢祿對何休之學的篤信與護衛，並認爲求聖人之志；七十子之所傳，舍董、何則不得其門而入，其以董、何游於聖門亦爲游夏之徒，故聖人之志可由之承傳。劉逢祿論學，除承外家之緒，又因時逢世風之變，治經乃折於「備人事」之《春秋》；治《春秋》又轉而趨於「非常異義可怪之論」的《公羊》，遙崇董、何之旨，主張微言大義，撥亂反正，欲以董、何之《春秋》闡六藝家法，再由六經求得聖人之志，因之，清代《公羊》學乃由其發揚而至大昌。

　　劉氏治學獨尊《公羊》外，並對《春秋左傳》提出質疑，以爲《左氏》並非記事之書，且其書法是非多失《春秋》之大義，因而有《春秋》大義不須待《左氏》而明之論〔註3〕，其《左氏春秋考證・自序》曰：

> 東漢之季，古文盛行，《左氏》雖未列學官，而嚴、顏高材生，俱舍所學而從之久矣。《左氏》以良史之材，博聞多識，本末嘗求附於《春秋》之義，後人增設條例，推衍事蹟，強以爲傳《春秋》，冀以奪《公羊》博士之師法，名爲尊之，實則誣之，《左氏》不任咎也。

劉氏以今文學家之立場，視《左傳》爲記載歷史之文獻資料，故當不傳《春秋》，並抨擊古文學家緣飾《左氏》，混淆《公羊》之師法，同時將箭頭指向劉歆，其《左氏春秋考證》謂：

> 《左氏》後於聖人，未能盡見列國寶書，又未聞口受微言大義。……劉歆強以爲傳《春秋》。（卷一，頁4）

又曰：

> 劉歆顛倒五經，使學士迷惑，因《公羊》博士在西漢最爲昌明，故不敢顯

　　　台北：藝文印書館，1963年6月初版。
〔註3〕劉逢祿《左氏春秋考證》曰：「余年十二，讀《左氏春秋》，疑其書法是非多失大義，繼讀《公羊》及董子書，乃怳然於《春秋》非記事之書，不必待《左氏》而明。」收錄於《皇清經解》本，卷一二九四，頁1，台北：藝文印書館，1963年6月初版。凡下文所引《左氏春秋考證》者，出處同此，故僅標明卷數、頁數。

改經文，而特以祕府古文《書經》爲十二篇，曰：「春秋古經」，不知公、
穀、鄒、夾，皆十一篇爲夫子之舊，何劭公於〈莊公〉篇詳之矣。欲迷惑
《公羊》義例，則多緣飾《左氏春秋》，以售其僞。（卷一，頁1）

　　若歆之誣蔑先聖，緣飾經術，以崇奸回，豈不哀哉！（卷一，頁7）

可見其反對古文經學的立場甚爲明確，攻詆劉歆增設條例，推衍事跡，強以《左氏》
傳《春秋》，混亂《公羊》博士之師法不遺餘力，以爲《左傳》既經劉歆之徒的增飾
附會，就應「審其離合，辨其眞僞」，刪除《左傳》書法凡例於《春秋》大義有違逆
者，及依附經文之章句者，欲「以《春秋》還之《春秋》；《左氏》還之《左氏》。」
〔註4〕以恢復《左傳》之原貌。可知劉氏治學方針，直歸於《春秋》微言大義，尤
重何休「三科九旨」之學，其在〈春秋論〉一文言：「無三科九旨則無《公羊》，無
《公羊》則無《春秋》，尚奚微言之與有。」〔註5〕以三科九旨爲《春秋》微言大義
之精髓，曾作《公羊春秋何氏釋例》一書，次第發明何休《公羊解詁》之「三科九
旨」、「受命改制」、「黜周王魯」諸義，梁啓超《清代學術概論》謂之爲「用科學的
歸納研究法，有條貫、有斷制，在清人著述中，實最有價值之創作。」〔註6〕錢穆
卻評之爲「一不之審，徒知株守何氏一家之說。」〔註7〕儘管梁氏所言或過譽之，
錢穆之言亦未公允，然可肯定劉氏之書除論及《春秋》書法外，對何氏之條例乃極
爲推崇並加以闡釋。

　　劉氏一生著述豐富，於《春秋》方面的著作有十數種，而以《公羊春秋何氏
釋例》十卷最爲重要，此書乃將何休所闡發的《公羊》義例，分爲三十類敘述，
將所謂非常異義可怪之論，均依次呈現出來，自此書後，各種《公羊》學內部觀
點的發展，皆可尋其端緒〔註8〕。《公羊春秋何氏解詁箋》一卷，採鄭氏箋詩之旨
以名之，摘錄《公羊傳》及《公羊解詁》之文以申論其大義，並折衷眾家之說，
於何氏之繩墨少有出入。《穀梁廢疾申何》二卷，此書爲申何氏《廢疾》之說，難
鄭君之論而綴成。《發墨守評》一卷，此書亦以闡發何休《公羊》一家之說爲主。
而《箴膏肓評》一卷及《左氏春秋考證》二卷，乃爲劉氏對《左傳》的質疑及對

〔註4〕劉逢祿《左氏春秋考證‧自序》曰：「以《春秋》還之《春秋》；《左氏》還之《左氏》，
　　　而刪其書法凡例及論斷之謬於大義，孤章絕句之依附經文者，冀以存《左氏》之本
　　　眞。」《清儒學案‧方耕學案》下，卷七十五，頁5，台北：世界書局，1979年4月
　　　3版。
〔註5〕劉逢錄〈春秋論〉一文收錄於《清儒學案‧方耕學案》，卷七五，頁23，台北：世界
　　　書局，1979年4月3版。
〔註6〕語見梁啓超《清代學術概論》，頁122，台北：台灣商務印書館，1985年2月台2版。
〔註7〕語見錢穆《國學概論》，頁122，台北：台灣商務印書館，1963年2月台2版。
〔註8〕參考孫春在《清末的公羊思想》，頁37，台北：台灣商務印書館，1985年10月初版。

劉歆竄僞的批判。《論語述何》二卷則是以《公羊傳》何注的觀點重新詮釋《論語》。此外，劉氏於《易》主虞氏；於《書》匡馬、鄭之失；於《詩》初好毛學，後尚三家，故其亦有《易》學、《尚書》、《詩經》方面之著作數種，可見其著書不泥於章句，閎通廣博，故清代今文經學至劉逢祿，對於群經已有較全面性的闡述，進而呈現出有系統的理論。

貳、《論語述何》之著作動機

　　劉氏之著作多以《春秋》學爲主，而關於《論語》學的著作僅有《論語述何》一書，如欲探求劉氏追述劭公《論語注》之志，而作《論語述何》之緣由，當可由其自序以見其端倪：

> 《後漢書》稱何劭公精研六經，世儒莫及，作《春秋公羊解詁》，覃思不窺門，十有七年矣，又注訓《孝經》、《論語》、《風角》、《七分》，皆經緯典謨，不與守文同說，梁阮孝緒《七錄》、《隋經籍志》，不載何注《孝經》、《論語》之目，則其亡佚久矣，唯虞世南《北堂書鈔》，有何休《論語》一條，大類董生正誼明道之旨，史稱董生造次必於儒者，又稱何君進退必以禮，二君者，游於聖門，亦游夏之徒也。《論語》總六經之大義，闡《春秋》之微言，故非安國、康成，治古文者所能盡，何君既不爲守文之學，其本依於齊、魯、古論，張侯所定，又不可知，若使其書尚存，張於六藝，豈少也哉！今追述何氏《解詁》之義，參以董子之說，拾遺補闕，冀以存其大凡。〔註9〕

由此序文，劉氏說明了其撰述《論語述何》的動機，其以何休所注訓之《論語》亡佚已久，遂緣《北堂書鈔》卷九十六所載何休《論語注》：「君子儒將以明道，小人儒則矜其名。」一條，於千年之後，欲爲之拾遺補闕。劉氏乃以今文學家的立場，除推崇董子與何休爲「游於聖門，亦游夏之徒」外，亦認爲總六經大義的《論語》可闡揚《春秋》之微言，此乃治古文的孔安國、鄭康成所未能盡其精義者，藉以提昇何休注訓之價值。因之，本以何氏《公羊解詁》之義，並參以董子《春秋繁露》之說，願能追述何氏《論語》注訓之要旨，故有《論語述何》之作，於是將《公羊》學之義例援引至《論語》，開創以《公羊》學觀點註解經書之例，令《公羊》學至此產生轉變，於是清代今文學群經大義的《公羊》化，逐漸而形成。

〔註9〕劉逢祿《論語述何》二卷，收錄於《皇清經解》卷一二九七～一二九八，書後有嘉慶十七年冬至日劉逢祿的自序，台北：藝文印書館，1963年6月初版。

第二節　《論語述何》以《公羊》之義闡發《論語》

劉氏《論語述何》之作既爲追述何氏《公羊解詁》之義，並參以董子之說而來，自不免徵引董、何之《公羊》思想以說解《論語》，而《公羊》學的重心在「三科九旨」之說，因之，以「三科九旨」訓解《論語》是劉逢祿《論語述何》獨特之處。

壹、以「通三統」義闡發《論語》

一、《論語・爲政》篇

子曰：「殷因於夏禮，所損益可知也；周因於殷禮，所損益可知也，其或繼周者，雖百世可知也。」

劉氏《論語述何》釋「其或繼周者，雖百世可知也。」句曰：

> 繼周者，新周、故宋，以《春秋》當新王。損周之文，益夏之忠；變周之文，從殷之質，百世以俟聖人而不惑者也，循之則治，不循則亂，故云可知。（卷一，頁5）

《論語》子張問十世，乃明禮制政教因革、損益之理。何晏《論語集解》引馬融之說：「所因，謂三綱五常；所損益，謂文質三統。」又曰：「世數相生，其變有常，故可預知。」〔註10〕朱子於《四書集註》更推而言之：

> 三綱五常，禮之大體，三代相繼，皆因之而不能變。其所損益，不過文章制度，小過不及之間，而其已然之跡，今皆可見，則自今以往，或有繼周而王者，雖百世之遠，所因所革，亦不過此，豈但十世而已乎。〔註11〕

三綱五常爲序人倫之規範，爲歷代所遵循，僅可因之而不可變革之，然典章禮制則可因未備而益增之，亦可因失時而減損之，此爲典章禮制遞變之規律，故雖經世代相續，因往推來，其中因革損益之道，皆可知之。因此，其或繼周者，雖經百世之久，仍可知禮樂綱常及典章制度之因革損益。

劉氏《論語述何》所言「新周、故宋、以《春秋》當新王」，乃何劭公三科九旨中的「一科三旨」〔註12〕，《公羊》家認爲夏以斗建寅爲正月、爲人統；商以斗建丑爲正月、爲地統；周以斗建子爲正月、爲天統。因此，王者既改正朔，則當「易

〔註10〕引見何晏《論語集解》，卷二，頁8，《十三經注疏》本，台北：藝文印書館，1981年1月11版。凡下文所引《論語集解》者，出處同此，故僅標明卷數、頁數。

〔註11〕引見朱熹《四書集註》，卷一，頁59，台北：學海出版社，1988年6月初版。凡下文所引《四書集註》者，出處同此，故僅標明卷數、頁數。

〔註12〕《公羊傳》隱公元年，徐彥疏引何休《春秋公羊文諡例》：「新周、故宋、以《春秋》當新王，此一科三旨。」卷一，頁4，從《十三經注疏》本，台北：藝文印書館，1989年1月11版。凡下文所引《公羊傳》者，出處同此，故僅標明卷數、頁數。

服色、殊徽號、變犧牲、異器械。」即一切禮樂制度將隨所屬之統而改變，另又有夏尚忠、殷尚質、周尚文等文質相代之法，相應於三統之說。因此，劉氏除援引《公羊》通三統與文質相代之說闡發《論語》此章外，並視爲國家治亂之定理，以爲政者皆當遵循之，觀劉氏之言，雖能自成其理，然以《公羊》通三統之義解說《論語》實不免流於穿鑿。

二、《論語‧八佾》篇

子曰：「夏禮，吾能言之，杞不足徵也；殷禮，吾能言之，宋不足徵也。文獻不足故也，足，則吾能徵之矣。」

劉氏《論語述何》釋之曰：

> 夫子於杞得《夏時》，以言夏禮；於宋得《坤乾》，以言殷禮，惜其文獻皆不足徵，故采列國之史文，取《夏時》之等；《坤乾》之義，而寓王法於魯，絀杞、故宋，因周禮而損益之，以治百世也。（卷一，頁7）

《論語》此章言杞爲夏之後，宋爲商之後，二國不能行先王之禮，乃其文章賢才不足之故。朱子《四書集註》亦曰：「徵，證也；文，典籍也；獻，賢也。言二代之禮，我能言之，而二國不足取以爲證，以其文獻不足故也。」（卷二，頁63）劉氏《論語述何》謂夫子欲言夏禮於杞得《夏時》；欲言殷禮於宋得《坤乾》。又《禮記‧禮運》篇引孔子之言：「我欲觀夏道，是故之杞，而不足徵，吾得《夏時》焉。我欲觀殷道，是故之宋，而不足徵，吾得《坤乾》焉。」〔註13〕殷因於夏禮，周又因於殷禮，而夏、殷二代則爲周所監以損益者，至此三代禮樂制度已屬完備，故孔子欲觀夏、殷之禮，而前往杞、宋，但二國由於文獻不足之故，僅得《夏時》、《坤乾》兩書以觀夏、殷之禮，可知劉氏此言實有所據。然其言「寓王法於魯，絀杞、故宋」，則又轉入《公羊》家「通三統」之說以釋《論語》。

三、《論語‧衛靈公》篇

顏淵問爲邦。子告之曰：「行夏之時，乘殷之輅，服周之冕，樂則韶舞，放鄭聲，遠佞人。」

劉氏《論語述何》釋「行夏之時」句曰：

> 《春秋》于郜、河陽冬言狩，周十二月夏十月也。于郎春言狩，周正月夏十一月，以正月譏其非禮。獲麟春言狩，不加正月譏文，去周之正，行夏之時也。《夏時》今在《禮記》，文簡而旨無窮，《春秋》法其等，用其忠也。（卷二，頁4）

〔註13〕語見《禮記鄭注》，〈禮運〉第九，頁284，台北：學海出版社，1981年9月再版。

《論語》此章記載孔子舉魯之舊法以答顏淵治國之問。夏以建寅爲人正；商以建丑爲地正；周以建子爲天正。《白虎通‧三正》篇曰：「三正之相承，若順連環也，孔子承周之弊，行夏之時，知繼十一月正者，當用十三月也。」〔註14〕皇侃《論語義疏》曰：

> 行夏之時，謂用夏家時節以行事也。三王所尚，正朔服色也，雖異，而田獵祭祀播種並用《夏時》，《夏時》得天之正故也，魯家行事亦用《夏時》，故云行夏之時也。〔註15〕

朱子《四書集註》曰：「時以作事，則歲月自當以人爲紀，故夫子嘗曰：『吾得《夏時》焉』，而說者以爲謂《夏小正》之屬，蓋取其時之正與其令之善。」（卷八，頁163）《禮記‧禮運》篇鄭玄注《夏時》曰：「得夏四時之書也，其書存者有《小正》。」因《夏時》之節氣歲令符合天體運行，故孔子欲去周正之弊，而行夏之時，《夏時》並爲魯國所採用，故夫子以之答顏回之問。劉氏則採《公羊傳》哀公十四年，何休《公羊解詁》云：「据天子、諸侯乃言狩，天王狩于河陽，公狩于郎是也，河陽冬言狩，獲麟春言狩者，蓋据魯變周之春以爲冬，去周之正，行夏之時。」（卷二八，頁8）以說明《論語》「行夏之時」的緣由，且因夏尚忠，故《春秋》法《夏時》之等，而用其忠，劉氏之說乃以《公羊》通三統之義附會《論語》之言。

貳、以「文質相代」義闡發《論語》

伴隨《公羊》學「通三統」之說而來的是「文質相代」的觀念，董仲舒《春秋繁露‧三代改制質文》曰：「王者以制，一商一夏，一質一文。」劉逢祿《論語述何》亦曾援引文質相代之義以釋《論語》。

一、《論語‧八佾》篇

子曰：「周監於二代，郁郁乎文哉！吾從周。」

劉氏《論語述何》釋之曰：

> 正朔三而改，文質再而復，如循環也。故王者必通三統，周監夏、殷，而變殷之質，用夏之文，夫子制《春秋》變周之文，從殷之質，所謂從周也。乘殷之輅，從質也；服周之冕，從文也。（卷一，頁8）

《漢書‧禮樂志》云：「周監於二代，禮文尤具，事爲之制，曲爲之防，故稱禮經三

〔註14〕語見《白虎通‧三正》篇，卷三下，頁196，《叢書集成初編》本，北京：中華書局，1985年北京新一版。

〔註15〕引見皇侃《論語義疏》，卷八，頁217，《叢書集成初編》本，北京：中華書局，1985年新版。凡下文所引《論語義疏》者，出處同此，故僅標明卷數、頁數。

百,威儀三千,於是教化浹洽,民用和睦,……孔子美之曰:『郁郁乎文哉!吾從周。』」
〔註16〕此為讚頌周損益夏、殷二代,禮文之美。《論語集解》引孔安國曰:「周文備
於二代,當從之。」(卷三,頁8)可知《論語》此章乃言周之禮文備於夏、商二代,
故夫子願從而行之。然劉氏所云:「正朔三而改,文質再而復」實承漢儒存三統之說
〔註17〕,其以王者必通三統,故周監夏、殷二代,以夏之文代殷之質,而《春秋》
王魯,則又以殷之質代周之文,《公羊傳》隱公七年何休《公羊解詁》曰:「《春秋》
變周之文,從殷之質。」而劉氏《公羊何氏釋例・通三統例》言:

> 王者必通三統,而治道乃無遍而不舉之處,……三王之道若循環,終則復
> 始,窮則反本,非僅明天命所受者博,不獨一姓也。夫正朔必三而改,故
> 《春秋》損文而用忠,文質再而復,故《春秋》變文從質,受命以奉天地。

三王之道循環不已,天所受命亦不獨一姓,故王者必通三統,可知劉氏實以《公羊》
通三統及文質再復之說闡述「周監二代」及「從周」之義。

二、《論語・雍也》篇

子曰:「質勝文則野;文勝質則史,文質彬彬然後君子。」

劉氏《論語述何》釋之曰:

> 文質相復猶寒暑也,殷革夏,救文以質,其蔽也野;周革殷,救野以文,
> 其蔽也史。殷、周之始,皆文質彬彬者也,《春秋》救周之蔽,當復反殷
> 之質,而馴致乎君子之道。故夫子又曰:「如用之,則吾從先進。」先野
> 而後君子也。(卷一,頁10)

朱子《四書集註》曰:「言學者當損有餘,補不足,至於成德,則不期然而然。」(卷
三,頁89)故《論語》此章之義乃言人當文華、質樸相半,然後可以為君子。劉氏
則以文質之相復猶如寒暑相循相代,週而復始,循環不已,是故殷革夏,救文以質,
周革殷,救質以文,而《春秋》又革周文之蔽,反殷之質。可見劉氏《論語述何》
乃援用《公羊》家文質觀以詮釋《論語》此章之義。

《公羊》家通三統的實質意義,是對三王之曆法、服制、政制等,進行重新的
檢討與調和,雖具有改革之義,實是對前朝典章制度的因襲損益,然文質各有其蔽,
或史或野,故應兼取其長,因之,劉氏《論語述何》言:「救文雖莫如質亦貴中。」
(卷一,頁6)救文雖以質,然文質再而復,故莫如執中之道。又曰:「君子救文以

〔註16〕語見《前漢書・禮樂志》,卷二二,〈禮樂志〉頁2,《四部備要》,北京:中華書局,
　　　　1989年3月第1版。
〔註17〕《白虎通・三正》篇曰:「正朔三而改,文質再而復」,卷三下,頁149,《叢書集成
　　　　初編》本,北京:中華書局,1985年北京新一版。

質，貴中也。舉其偏者以補其弊而已，則三王之道相循環，非廢文也。」（卷二，頁1）因王者必通三統，文質相復，窮則反本，雖言救文以質，然只是欲舉其偏以補其弊而已，可知劉氏對文質之觀念，以執中爲本，而非全然否定文的價值。

參、以「張三世」義闡發《論語》

一、《論語・爲政》篇記載子張學干祿

子曰：「多聞闕疑，愼言其餘，則寡尤；多見闕殆，愼行其餘，則寡悔。言寡尤，行寡悔，祿在其中。」

劉逢祿《論語述何》釋「多見闕殆」句曰：

謂所見世也，殆危也。《春秋》哀、定多微辭，上以諱尊隆恩；下以避害容身，愼之至也。（卷一，頁5）

《論語》此章乃言孔子教誨子張干祿之法，何晏《論語集解》引包咸曰：「殆，危也。所見危者，闕殆而不行，則少悔。」邢昺疏則曰：「殆，危也。言雖廣博多見，所見危者，闕而不行，尤須愼行其餘，不危者，則少悔恨也。」因此，本章之「見」字當解爲眼多見之義，與耳多聞之義相互彰顯。孔子以「多聞闕疑」、「多見闕殆」教誨子張，以明求祿之道。然劉逢祿將「見」字以「所見世」解之。何休《公羊解詁》三世之義以昭、定、哀爲所見世，雖言「所見之世，著治太平」，實則定、哀之際，春秋的政治形勢已非常混亂，故劉氏以所見之世乃多危殆而多微辭，以求上能諱尊隆恩；下能避害容身，爲審愼之至。劉氏以《春秋》之義解「多見闕殆」與《論語》本義實有所別。

二、《論語・述而》篇

子曰：「蓋有不知而作之者，我無是也，多聞擇其善而從之；多見而識之，知之次也。」

劉氏《論語述何》釋之曰：

不知而作，謂不肯闕疑也；多聞，兼采列國史文，擇善而從，取其可徵者，寓王法也。多見，謂所見世，識其行事，不著其說也。（卷一，頁13）

《論語》此章乃誡告人不可穿鑿妄作之意。邢昺《論語注疏》曰：「言時人蓋有不知理道，穿鑿妄作篇籍者，我即無此事。」又曰：「人若多聞擇善而從之，多見擇善而志之，如此者，比天生知之，可以爲次也。」（卷七，頁9）雖非生而知之者，然以嚴謹的著作態度，不知則不附會妄作，由多聞多見而擇善從之、志之，亦是僅次於生而知之者。劉氏乃以《春秋》之成書而言，將「多聞」釋爲采列國文史，

擇其善而從之,取可證信者,信以傳信;疑則傳疑,不知而作者,乃不願闕疑之故。然其將「多見」解爲「所見世」,言於所見世的衰亂中,《春秋》之義當推見以至隱,僅能識述其行事,而不著作其思想學說,乃欲爲避害保身之故。劉氏於此仍以《公羊》張三世之義解《論語》,寓聖人脩作《春秋》之微言,已相異於《論語》之原意矣。

三、《論語‧先進》篇

子曰:「先進於禮樂,野人也;後進於禮樂,君子也。如用之,則吾從先進。」
劉氏《論語述何》釋之曰:

> 此篇類記弟子之言行,夫子所裁正者,先進謂先及門,如子路諸人志於撥
> 亂世者;後進謂子游、公西華諸人,志於致太平者。(卷二,頁 1)

《論語》此章有關「先進」、「後進」之說,歷來學者意見紛紜,何晏《論語集解》引孔安國之說,曰:「先進、後進謂仕先後輩也。」(卷十一,頁 1);朱子《四書集註》曰:「此篇多評弟子賢否。」又曰:「先進、後進,猶言前輩後輩。」(卷六,頁123)劉寶楠《論語正義》亦認爲「此篇皆說弟子言行,先進、後進即指弟子。」〔註18〕皇侃《論語義疏》:「先進、後進者,謂先後輩人也。先輩,謂五帝以上也;後輩,謂三王以還也。」(卷六,頁 145)程樹德《論語集釋》引孫奕《示兒編》云:「先進指三代而上;後進指三代而下。」〔註19〕可知「先進」、「後進」有指爲孔門弟子者,亦有以時代之先後爲論者。然觀本章之義,當是指古今時代而言,焦循《論語補疏》進一步引申皇疏之義,其言曰:「五帝時淳素,質勝於文;三王時文質彬彬,益野人而爲君子。」又曰:「用謂變化之,移風易俗四字解用最切。」〔註20〕何晏《論語集解》曰:「將移風易俗歸之淳素,先進猶進古風故從之。」(卷十一,頁 1)再者,《論語‧衛靈公》篇,孔子曾言:「行夏之時;乘殷之輅,服周之冕。」可知孔子崇古素淳之心,因此,自是欲以先進之禮樂教化風俗。

劉氏《論語述何》除釋「先進」、「後進」爲孔子弟子外,又將其分成志於「撥亂世」與「致太平」兩類。事實上孔門德行、語言、政事、文學四科,雖以子路爲政事之選,然《論語》並未言及其有撥亂世之志,而子游長於文學亦未見其有致太

〔註18〕引見劉寶楠《論語正義》,卷一四,頁 1,收錄於《皇清經解續編》本,台北:藝文印書館,1965 年 10 月初版。
〔註19〕引見程樹德《論語集釋》,卷二二,頁 735,《新編諸子集成》(第一輯),北京:中華書局,1990 年 8 月第 1 版。
〔註20〕引見焦循《論語補疏》,卷二,頁 1,收錄於《皇清經解》本,卷一一六五,台北:藝文印書館,1963 年 6 月初版。

平之志。可見劉氏乃以張三世之義，將孔子弟子分爲志於撥亂世的先進及致太平的後進，此乃其隨文曲附張三世之微言。

肆、以「異內外」義闡發《論語》

《公羊傳》隱公元年，何休《公羊解詁》於第三科「所傳聞世」之書法，曰：「內其國而外諸夏，先詳內而後治外，錄大略小，內小惡書，外小惡不書。大國有大夫，小國略稱人，內離會書，外離會不書是也。」（卷一，頁 23）此爲《公羊》異內外之義，曾多次被劉氏《論語述何》援以闡釋《論語》，茲舉數例說明之：

一、《論語·雍也》篇

子貢曰：「如有博施於民而能濟眾，何如？可謂仁乎？」子曰：「何事於仁，必也聖乎！堯、舜其猶病諸！夫仁者，己欲立而立人；己欲達而達人，能近取譬，可謂仁之方也已。」

劉氏《論語述何》釋「能近取譬，可謂仁之方也已。」句曰：

> 《春秋》錄內而略外，必先正君以正內外，所謂取譬不遠也。（卷一，頁11）。

《論語》此章原是子貢問孔子，人君能廣施恩惠於民且能賑濟百姓於患難，此德行可謂仁乎？邢昺《論語注疏》謂孔子言爲仁之道，曰：「言夫仁者，己欲立身進達而先立達他人，又能近取譬喻於己，皆恕己所欲而施之於人，己所不欲弗施於人，可謂仁道也。」（卷六，頁 10）朱子《四書集註》亦曰：「近取諸身，以己所欲譬之他人，知其所欲亦猶是也。然後推其所欲以及於人，則恕之事而仁之術也。」（卷三，頁 92）可知，爲仁之道在於以己所欲之心推度他人所欲之心，故由盡己之心，推近及遠，以立己立人，達己達人。劉氏則取《春秋》錄內略外之文例以釋之，實違逆夫子之本意。又《論語·衛靈公》篇，子曰：「躬自厚而薄責於人，則遠怨矣。」劉氏《論語述何》釋之曰：

> 《春秋》詳內小惡，略外小惡之義。（卷二，頁 5）

皇侃《論語義疏》解此句曰：「君子責己厚；小人責人厚，責人厚則爲怨之府，責己厚，人不見怨。」（卷八，頁 219）可知《論語》此章乃戒人責己當嚴厚；責人當薄寬，以遠怨咎。然劉氏《論語述何》則援引《公羊》「內小惡書，外小惡不書」以釋之。《公羊傳》隱公十年曰：「《春秋》錄內而略外，於外大惡書，小惡不書，於內大惡諱，小惡書。」何休《公羊解詁》曰：

> 於內大惡諱，於外大惡書者，明王者起，當先自正，內無大惡，然後乃可
> 治諸夏大惡，因見臣子之義，當先爲君父諱大惡也。……內小惡書，外小

惡不書者,內有小惡,適可治諸夏大惡,未可治諸夏小惡,明當先自正,
然後正人。(卷三,頁15)

《春秋》先詳其內,故据魯內魯,而後推而大之,以治諸夏,故於內小惡書,大惡
則諱而不書;於外小惡不書,大惡則書,以明王者當先正己而後正人。劉氏以《春
秋》「錄內略外」之書法,闡釋《論語》此二章之義,雖同具推近及遠,嚴內而寬外
之義,然其中意旨實乃相去甚遠〔註21〕。

二、《論語・微子》篇記載齊人歸女樂,季桓子受之,三日不朝,孔子行。

劉氏《論語述何》釋之曰:

定公十四年,齊人歸女樂,《春秋》不書者,內大惡諱,定、哀多微辭也,
故唯去冬以明聖功之不終焉。(卷二,頁5)

齊人歸女樂之事,見於《史記・孔子世家》:「定公十四年,孔子五十六,由大司寇
行攝相事,齊人聞而懼,……,於是選齊國中女子好者八十人,皆文衣而舞康樂,
文馬三十駟,遺魯君。陳女樂文馬於魯城南高門外,季桓子微服往觀再三,將受,
乃語魯君為周道游,往觀終日,怠於政事,……,桓子卒受齊女樂,三日不聽政。」
可知《論語》此章乃言季桓子接受齊國所遺贈之女樂、文馬,使魯國君臣相與觀之
而廢朝政,定公三日不聽朝政,孔子遂去。劉氏則以《春秋》因見臣子之義,而為
君父諱大惡,因之,定公受齊國所遺之女樂雖為大惡,然因《春秋》於內大惡諱之,
故不書,僅去冬以明孔子去魯之義。

三、《論語・述而》篇

子曰:「三人行必有我師焉,擇其善者而從之,其不善者而改之。」

劉氏《論語述何》釋其義曰:

《春秋》外離會不書者,言不足別善惡,此其義也。(卷一,頁13)

何晏《論語集解》曰:「言我三人行,本無賢德,擇善從之,不善改之,故無常師。」
(卷七,頁7)《論語》此章言學本無常師,因三人之行,原無絕對賢德、愚闇之分,
然其行為有善、有不善,故擇善而從之,捨不善而改之,當隨事而立其宜。劉氏卻
以《春秋》「外離會不書」解之。又《公羊傳》隱公二年「公會于潛」,何休《公羊
解詁》曰:

凡書會者,惡其虛內務恃外好也。古者諸侯非朝時,不得踰境。所傳聞之
世,外離會不書,書內離會者,《春秋》王魯,明當先自詳正,躬自厚而

〔註21〕此處之說採吾師胡楚生先生〈劉逢祿「論語述何」析評〉之說法,收錄於《第二屆清
代學術研討會論文集》,頁202,高雄:國立中山大學中文系,1989年11月初版。

薄責於人，故略外也。（卷二，頁 1）

《春秋》書法於所傳聞世，內其國而外諸夏，詳內略外，自當先正己而後正人，內離會書，外離會不書，因而無法判別善惡。劉氏以之解《論語》本章之義，實是牽強比附矣。

綜觀以上所舉諸例，皆爲劉氏極盡發揮《公羊傳》三科九旨之說，以闡釋《論語》之義，其中雖不乏有獨特之見，然仍多爲曲會之言，故終不免有「郢書燕說，根本先錯。」〔註22〕之譏。

第三節　《論語述何》以《春秋》正名思想註解《論語》

太史公曰：「夫《春秋》，上明三王之道，下辨人事之際，別嫌疑，明是非，定猶豫，善善惡惡，賢賢賤不肖。」〔註23〕孔子據亂世而作《春秋》，其旨在於明人倫、宣教化，而《春秋》之義首在「正名」，故爲孔子正名之書。《春秋繁露·深察名號》篇：「《春秋》辨物之理，以正其名，名物如其眞，不失秋毫之末，……聖人之謹於正名如此，君子於其言，無所苟而已。」所謂名分者，當名物如其眞，不失毫末，有其名即有其實，名與實之相符，是爲聖人君子之所謹者。「正名」爲孔子之基本思想，《論語·子路》篇記載孔子正名思想曰：「名不正，則言不順；言不順，則事不成；事不成，則禮樂不興；禮樂不興，則刑罰不中，刑罰不中，則民無所措手足。」因此，「名之必可言，言之必可行」是爲名實必透過實踐實行，以落實「名」與「實」之相符。劉氏在《論語述何》中，亦常以《春秋》「正名」思想，闡釋《論語》之章義。

一、《論語·顏淵》篇載齊景公問政於孔子

孔子對曰：「君君、臣臣、父父、子子。」

劉氏《論語述何》釋「君君、臣臣、父父、子子」曰：

時景公寵少子舍而逐陽生，後陽生因陳乞弒舍而立，大亂數世，國移陳氏，故夫子之對深切如此。（卷二，頁 1）

《論語》此章明治國之道，若君不失爲君之道，乃至子不失爲子之道，尊卑有序，上下定分，而後國能自正，故知君臣、父子乃「人道之大經，政事之根本。」〔註24〕

〔註22〕語見江翰所撰《論語述何》提要，《續修四庫全書提要》〈經部〉頁 1213，台北：藝文印書館，1971 年月初版。

〔註23〕語見瀧川龜太郎《史記會注考證·太史公自序》頁 1370，台北：洪氏出版社，1985 年 9 月版。

〔註24〕同註 11，卷六，頁 136。

劉氏以《春秋》齊景公寵少子舍而逐陽生之事，釋《論語》之義，其認為齊景公寵少子舍而不立太子陽生，已失君臣、父子之道，後陽生雖因陳乞而得以立，然齊國仍大亂數世，最終亦難逃為陳氏篡國之命運。又劉氏《論語述何》釋《論語・子路》篇「魯、衛之政兄弟也」句曰：「魯之君臣不正，衛之父子不正，政本皆失，故發此嘆。」（卷二，頁2）魯之政君不君、臣不臣；衛之政父不父、子不子，故兩國政治皆呈衰亂現象，劉氏釋以治國之本，在於得君臣、父子之正道，即以《春秋》正名思想釋之，頗能契合《論語》之意。

二、《論語・季氏》篇

邦君之妻，君稱之曰：「夫人」，夫人自稱曰：「小童」，邦人稱之曰：「君夫人」，稱諸異邦曰：「寡小君」，異邦人稱之，亦曰：「君夫人」。

劉氏《論語述何》釋之曰：

> 《春秋》正適妾之名，仲子、成風以天王太廟，異邦正之，不得稱夫人也，則妾子為君，皆繫於子，君稱之曰：「母」，自稱曰：「先君之妾」，邦人稱之曰：「君母」，諸異邦曰：「寡君之母」，異邦人稱之，亦曰：「君之母」而已。（卷二，頁7）

《論語》此章在於正夫人之稱謂，除「小童」係夫人自稱，其餘皆屬他人稱謂之辭。何晏《論語集解》引孔安國注：「當此之時，諸侯嫡妾不正，稱號不審，故孔子正言其禮。」（卷十六，頁10）春秋之時，禮制混亂，稱謂不明，夫子欲以正之。劉氏則以《春秋》正名之義，辨適妾之稱謂。《公羊傳》隱公元年曰：「母以子貴」何休《公羊解詁》曰：「《禮》妾子立，則母得為夫人，夫人成風是也。」（卷一，頁11）然《公羊傳》文公五年曰：「三月辛亥，葬我小君成風，成風者何？僖公之母也。」（卷十三，頁10）此處傳文並不以「夫人」稱之，僅言「小君」成風。

再者，淩曙《公羊禮疏》引《穀梁傳》曰：「魯僖公立妾母成風為夫人，入宗廟，是子而爵母也，以妾為妻，非禮也。」又引宋・庾蔚之謂：「《公羊》母以子貴者，明妾貴賤，若無適子，則妾之子為先立，又子既得立，則母隨子貴，豈謂可得與適同耶，成風稱夫人非禮之正。」〔註25〕僖公得立，雖母隨子貴，而成風身為僖公之妾母，仍不得以「夫人」稱之，此情形同於《穀梁傳》隱公元年所載：「母以子氏，仲子者何？惠公之母，孝公之妾也。《禮》贈人之母則可，贈人之妾則不可。」范甯《穀梁傳注》曰：「妾不得君體，故以子為氏。」〔註26〕仲子雖為孝公之妾，為惠

〔註25〕引見淩曙《春秋公羊禮疏》卷一，頁7，《叢書集成初編》本，北京：中華書局，1985年，新一版。
〔註26〕引見《春秋穀梁傳注疏》，卷一，頁6，《十三經注疏》本，台北：藝文印書館，1989

公之妾母，然僅得以子爲氏。可知，仲子、成風雖母以子貴，卻因身爲妾而不得君體，仍不得尊稱爲「夫人」，劉氏此章乃引申《春秋》正稱謂之義，以仲子、成風之事，闡說《論語》正適妾之名，以知《春秋》謹於正名稱謂如此。

三、《論語·八佾》篇

孔子謂季氏：「八佾舞於庭，是可忍也，孰不可忍也。」

劉氏《論語述何》釋之曰：

> 此篇類記正名辨分之事，《傳》曰：「天子八佾，諸公六，諸侯四」，隱公始僭八佾於惠公之廟，又僭六佾於仲子之宮，自是而後，群公之宮，皆僭八佾矣，樂舞以象功德也，大夫無廟樂，鄉飲鄉射，笙歌琴瑟而已，三桓設公廟於私家，因僭八佾不仁之甚也。（卷一，頁 6）

《論語集解》引馬融之說：「天子八佾，諸侯六，卿大夫四，士二。八人爲列，八八六十四人。魯以周公故受王者禮樂，有八佾之舞，季桓子僭於其家廟舞之，故孔子譏之。」（卷三，頁 1）昔日周公有勳勞於天下，成王、康王賜之重祭，朱干、玉戚以舞大武，八佾以舞大夏，命魯世世祭祀周公時，得受用王者之禮樂，故天子之禮樂僅用於周公之廟，若用之他廟則亦爲僭越〔註 27〕。《論語》本章之義乃言孔子譏魯大夫季氏，僭用天子禮樂舞於家廟之事。劉氏亦以「正名辨分」釋《論語》此章之義，並言八佾舞於庭之緣由，其引「《傳》曰」者指《公羊傳》隱公五年曰：「初獻六羽，初者何？始也。六羽者何？舞也。初獻六羽，何以書譏？何譏爾？譏始僭諸公也。六羽之爲僭奈何？天子八佾，諸公六，諸侯四。」又曰：「始見諸公，昉於此乎，前此矣。前此，則曷爲始乎此。僭諸公，猶可言也，僭天子不可言也。」（卷三，頁 3～4）何休《公羊解詁》曰：「前僭八佾於惠公廟，大惡不可言也。」（卷三，頁 4）魯自隱公始即僭天子之禮樂於惠公廟，而仲子以別宮之故，雖降用六羽，亦是僭用諸公之禮樂，自是而後，諸侯、大夫僭用禮樂之事甚多，故導致陪臣季氏僭用八佾之事。

再者，大夫本應無廟樂，然因三家皆出於桓，故設桓公廟於私家，而用天子之禮樂，自是不合禮制〔註 28〕，劉氏因而譏評爲「不仁之甚」，其乃引申《春秋》正

年 1 月 11 版。

〔註 27〕此處採《禮記鄭注》，〈明堂位〉第十四：「成王以周公爲有勳勞於天下，是以封周公於曲阜。……命魯公，世世祀周公以天子之禮樂。」頁 411。〈祭統〉第二五：「昔者周公旦有勳勞於天下，周公既沒，成王、康王追念周公之所以勳勞者而欲尊魯，故賜之以重祭。……朱干、玉戚以舞大武，八佾以舞大夏，此天子之樂也，康周公故以賜魯也。」頁 635～636。台北：學海出版社，1981 年 9 月再版。

〔註 28〕語見《禮記鄭注》，〈郊特牲〉第十一：「諸侯不敢祖天子，大夫不敢祖諸侯。而公廟

名之義，而將《論語》八佾舞於庭，僭禮越分之事，詮釋得頗周延。

四、《論語·八佾》篇記載季氏旅於泰山

子謂冉有曰：「女弗能救與？」對曰：「不能」子曰：「曾謂泰山不如林放乎？」

劉氏《論語述何》釋「曾謂泰山不如林放乎？」句曰：

> 《禮》五嶽視三公，四瀆視諸侯，皆不以封泰山之陰，則齊其陽，則魯非龜蒙、嶧繹之比，惟天子有方望之祀，無所不通，蓋魯始僭三望，季氏因之，猶八佾也。林放知問禮，舉以屬冉有之詭隨也。（卷一，頁7）

《禮記·王制》篇言：「天子祭天下名山大川，五嶽視三公，四瀆視諸侯，諸侯祭名山大川之在其地者。」邢昺《論語注疏》曰：「《禮》諸侯祭山川在其封內者，今陪臣祭泰山非禮也。」（卷三，頁2）《論語》此章譏季氏祭泰山，非禮也。泰山在魯封地內，故魯得以祭之，今季氏欲以陪臣之身份祭泰山乃不合於禮法，冉有為季氏宰，實應勸阻季氏僭禮之行，而林放能知問禮之本，故夫子舉林放以勵冉有。劉氏引《公羊傳》僖公三十一年曰：「天子有方望之祀，無所不通。」以說明魯之僭三望。何休《公羊解詁》曰：

> 方望謂郊時所望祭四方群神，日月星辰風伯雨師五嶽四瀆及餘山川凡三十六所。盡八極之內，天之所覆，地之所載，無所不至，故得郊也。（卷十二，頁20）

率天之下莫非王土，由此而知惟天子始可行方望之祀，然《公羊傳》又曰：「諸侯山川有不在其封內者則不祭也。」可知魯郊非禮，而魯以諸侯之國僭行望祭之禮，季氏亦因之而行旅祭於泰山，猶如八佾舞於庭之事，皆不合於禮制。劉氏對此章之釋乃嚴名分之辨，其義同於《論語》對季氏非禮之譏。

五、《論語·八佾》篇記載孔子入太廟每事問

或曰：「孰謂鄹人之子知禮乎？入太廟每事問。」子聞知曰：「是禮也。」

劉氏《論語述何》釋之曰：

> 魯自僖公僭禘於太廟，用四代之服器官，其後大夫遂僭大禮。每事問者，不斥言其僭，若為勿知而問之。若曰此事昉於何時？其義何居耳，以示天子之事，魯不當有也。或人習而不察，故正言以告之。（卷一，頁9）

朱子《四書集註》曰：「此蓋孔子始仕之時，入而助祭也。」（卷二，頁65）孔子仕魯，魯祭周公而助祭，然因魯祭太廟，所用四代之禮樂，不經常見，故夫子雖知禮而復問其犧牲、服器、禮儀諸事，以見其審慎之態度。劉氏《論語述何》則以《公

設於私家非禮也，由三桓始也。」頁329，台北：學海出版社，1981年9月再版。

羊傳》僖公八年所載：「秋七月禘于太廟，用致夫人……，禘、用致夫人，非禮也。」（卷十一，頁1）言明魯僖公僭禘之始，《公羊傳》此文乃譏斥僖公僭禘及用致夫人皆非禮。顧炎武《日知錄・禘於太廟用致夫人》條亦曰：「明乎郊社之禮，禘嘗之義，治國其如示諸掌乎，致夫人也，躋僖公也，皆魯道之衰而夫子所以傷之者也。」〔註29〕因魯僖公始僭禘禮，遂開大夫僭禮之風，而天下人習之已久，皆不以為意，故劉氏《論語述何》以「每事問」者，為不直斥僭禮之事，若為不知而問，以示天子之禮，魯國不當僭有之意。劉氏對《論語》此章之釋，雖有正名定分之義，然卻已失《論語》此章之本義，實有強以牽附之嫌。

　　以上為劉氏援引《公羊傳》所載僭禮越分之事例，以闡釋《論語》「八佾舞於庭」、「子入太廟每事問」、「季氏旅於泰山」、「齊景公問政於孔子」等章，其間雖不免有曲解《論語》本意之處，然透過劉氏的註解，卻也顯現出《春秋》定名分，以辨上下，不虛美、不隱惡，褒貶予奪，悉本三代的思想。

第四節　《論語述何》中「學」之觀念

　　劉氏於《論語述何》中曾多次論及「學」之觀念。「學」字《說文解字》曰：「覺悟也。」故「學」有覺所未知之義，朱子〈答張敬夫〉一文言：「夫學也者，以字義言之，則己之未知未能而效夫知之能之之謂也；以事理言之，則凡未至而求至者，皆謂之學。」〔註30〕朱子將「學」分為屬於認知上的聞見之學；與注重實踐力行的事理之學。劉氏既以《公羊》之義闡述《論語》，而其對於「學」的觀念，亦秉持著今文學家特有的思想以詮釋之。

壹、「學」為刪定六經

　　《論語・學而》篇：「學而時習之，不亦說乎；有朋自遠方來，不亦樂乎；人不知而不慍，不亦君子乎？」劉氏《論語述何》釋「學而時習之」曰：

> 學謂刪定六經也，當春秋時，異端萌芽已見，夫子乃述堯舜，三王之法垂教萬世，非是，則子思子所謂有弗學也。時者有終身之時，《禮・內則》六年教之數與方名之類，時過然後學，則勤苦而難成也。有一年之時，《禮・世子》記春誦、夏弦、秋學禮、冬讀書是也。有一日之時，《禮・學記》

〔註29〕引見顧炎武《日知錄》，卷四，頁97，台北：文史哲出版社，1979年4月初版。
〔註30〕語見朱熹《朱子文集》〈答張敬夫書〉卷三二，頁11，收錄於《朱子大全》中，《四部備要》子部，台北：台灣中華書局。

藏焉、修焉、息焉、游焉是也。（卷一，頁1）

《論語》此章乃勸人學爲君子。邢昺《論語注疏》引《白虎通》云：「學者，覺也，覺悟所未知也。」（卷一，頁1）朱子《四書集註》曰：「學之爲言效也，人性皆善，而覺有先後，後覺者必效先覺之所爲，乃可以明善而復其初也。」（卷一，頁47）《白虎通》釋「學」爲覺，是爲自主性之覺悟，朱子釋之爲「效」，則偏向外塑性，效仿先覺者。劉氏則將「學」釋爲「刪定六經」，其以爲春秋之時，充斥著「非六藝之科，孔子之術」的異端，而夫子之學乃欲述堯、舜三王之法，以垂教萬世，然因六經之作皆述古昔、稱先王之道，故刪定之，以爲教化典範，並將六經分爲「述」與「作」兩部份〔註31〕，其中以《易》、《詩》、《書》、《禮》，均是述古之作，其文辭有可與人共，並非獨有者，而視《春秋》爲夫子所作，《春秋》之作筆則筆，削則削，游夏之徒不能贊一辭〔註32〕，故《春秋》之義乃祖述堯舜，憲章文武。劉氏顯然於六經中強化了《春秋》的特色。由而得知，劉氏以春秋時期的學術狀況及視六經爲孔子之學，肯定六經的教化意義，故將「學」謂爲孔子刪定六經之義，此亦承今文學家一貫之說。另者，劉氏將爲學之時分爲三階段，有「終身之時」、「一年之時」及「一日之時」，並分別以《禮記》〈內則〉、〈世子〉、〈學記〉等三篇加以闡述之，而此段註解與皇侃《論語義疏》極爲相似，皇疏謂：

> 凡學有三時，一是就人身中爲時，二就年中爲時，三就日中爲時也。一就身中者，凡受學之道，擇時爲先，……時過然後學，則勤苦而難成是也，既必須時，故〈內則〉云：六年教之數與方名，……，二就年中爲時者，夫學隨時氣，則受業易入，故〈王制〉云：春夏學詩樂，秋冬學書禮是也。……三就日中爲時者，前身中、年中二時，而所學並日日修習，不暫廢也，故〈學記〉云：藏焉、修焉、息焉、游焉是也。（卷一，頁2）

皇疏與劉氏均將學之時以身、年、日分爲三階段，且兩人所引《禮記》之篇章、文字極相似，可知劉氏之注或恐採皇氏之疏而來，然皇氏之疏，文繁而義詳，劉氏之釋則存其精義，故文簡而義賅。

貳、「學」當先正聲音文字

劉氏既以學應重六經，然爲明六經大義，其亦提出當以正文字聲音爲先務的治

〔註31〕此處採劉逢祿《論語述何》：「《易》、《詩》、《書》、《禮》皆述古者也，《春秋》夫子所作，亦謙言述者，其義亦祖述堯、舜，憲章文、武也。」之意而成，卷一，頁11。

〔註32〕同前註，採劉逢祿《論語述何》：「蓋夫子述《詩》、《書》、《禮》、《樂》、文詞，有可與人共者，不獨有也，至於作《春秋》筆則筆，削則削，游夏之徒不能贊一辭。」卷一，頁11。

學方法，《論語・學而》篇：「弟子入則孝，出則弟，謹而信，汎愛眾而親仁，行有餘力則以學文。」劉氏《論語述何》釋「則以學文」句曰：

> 文者字之始，誦法六經，先正聲音文字，謂小學也。（卷一，頁 3）

《論語》此章乃言君子之學當以德爲本，以文爲末。《論語集解》引馬融注曰：「文者，古之遺文。」（卷一，頁 5）然並未言明古之遺文，究竟何指？邢昺《論語注疏》則進一步云：「注言古之遺文者，則《詩》、《書》、《禮》、《樂》、《易》、《春秋》六經是也。」（卷一，頁 5）朱子《四書集註》亦曰：「文，謂《詩》、《書》六藝之文。」（卷一，頁 49），兩者所論，皆謂《論語》此章之「文」即六經之義。而毛奇齡《四書賸言》曰：「《論語》則以學文，姚立方云：『此文字是字，字並非《詩》、《書》六藝之文。言弟子稍閒，使學字耳，……故以《周官》八歲入小學，保氏只教以六書使習字也。」〔註33〕毛氏將「文」以「文字」解之，學文即學習寫字而已，其所言異於邢疏與朱註，而同於劉氏《述何》之言。《周禮》保氏掌養國子教之六書，漢律學僮十七已上，始試諷籀書九千字，乃得爲吏〔註34〕，此皆學文之事即謂之「小學」。獨體爲文，合體爲字，劉氏故稱文者爲字之始，其視「學文」爲學習六經之基礎，認爲當先正文字聲音，而後始可研讀六經之義，劉氏之解雖不合《論語》之本義，然就爲學次第而言，劉氏之說頗爲切實。

參、「學」以善其行

劉氏雖言爲學當先正聲音文字，並不意謂治學當首重考據，因其釋《論語・學而》篇，子夏曰：「賢賢易色，事父母能竭其力，事君能致其身，與朋友交言而有信，雖曰未學，吾必謂之學矣。」即表明爲學眞正的目的在成德，其云：

> 子夏言學，必以行爲本也，後世有僅明小學，而不知大學者，子夏之所謂
> 示學也。（卷一，頁 3）

《論語》此章言人能知行此四事，雖曰未嘗從師問學，然因此人德行之美，子夏必謂之已學矣。《四書集註》引游酢注曰：「三代之學，皆所以明人倫也，能是四者，則於人倫厚矣。」（卷一，頁 50）古人言學以人倫日用爲本，重視身體力行，而劉氏認爲後世學者有僅知小學而不知大學者，此乃針對乾嘉之學的專重文字訓詁卻不切於經世致用而發，其以子夏言此四事，乃特重學當以行爲本，並以此示學於後世。

〔註33〕語見毛奇齡《四書賸言》，卷一八四，頁 7，收錄於《皇清經解》本，卷一八四，台
　　　北：藝文印書館，163 年 6 月初版。

〔註34〕此處採許慎《說文解字・敘》曰：「《周禮》八歲入小學，保氏教國子先以六書。」（卷
　　　十五，頁 3）又曰：「尉律，學僮十七已上始試，諷籀書九千字，乃得爲史。」（卷
　　　十五，頁 11）台北：漢京文化事業出版，1980 年 3 月初版。

小學以聲音文字爲主，大學則以善其行爲本，故劉氏言「學以忠信爲本」、「學所以善其行。」（卷一，頁 3），皆以「行」爲「學」之本，以「成德」爲「學」之要，此即劉氏所謂之大學。可見劉氏《述何》所言乃本今文學家致用之觀念，對子夏言「學」之義，作了簡要之詮釋。

由於劉氏身爲《公羊》學者，其秉今文學之觀念，謂「學」爲孔子刪定六經，並特重《春秋》之大義，然爲學之次第，乃藉由文字聲音爲治學之法，而後始誦法六經，再透過對經義的瞭解，而臻於德行之完成，以切合人事之用，乃爲學最終之目的，顯示劉氏對於「學」的觀念，仍具《公羊》家重微言、重致用之色彩。

綜合本章而言，生於書香門第的劉逢祿，其祖及外祖均爲博學之士，故劉氏自幼便有良好的學習環境，並受家學的影響頗深，而將其精力、時間投入於經義的研究，但仍宗《春秋》之學，守今文家法主張微言大義。因之，清代《公羊》學之興，雖起於莊存與，然至劉逢祿才大放異彩，家法亦愈趨嚴謹，其可謂爲實質的《公羊》學者，所著之《春秋公羊何氏釋例》、《左氏春秋考證》、《公羊春秋何氏解詁箋》……等治《春秋》諸書，乃爲發明何氏《公羊》思想而作，群經大義的《公羊》化，至此則逐漸出現，並有其系統性及理論性。

《論語述何》乃爲劉逢祿《論語》學之代表作，其以《論語》總六經之大義；闡《春秋》之微言，且欲秉何休《論語注》之義，往往引《公羊》思想詮釋《論語》，雖其中有諸多牽強附會之說，然《春秋》與《論語》均爲儒家重要之典籍，在思想上或同有可發揮之處，故《論語述何》以《公羊》學的觀點發揮《論語》亦有其意義與價值。劉逢祿此舉對當時的思想界乃具有重大影響，故繼《論語述何》之後，有宋翔鳳《論語說義》、戴望《論語注》、劉恭冕《何休注訓論語述》以及康有爲《論語注》，均不無受其影響，或本其精神以注《論語》；或引其說以證《論語》，因之，對於劉逢祿援用《公羊》以說《論語》的肇始之功，實當予以肯定。

第四章 宋翔鳳《論語說義》研究

第一節 宋翔鳳及其《論語說義》著作動機

壹、生平略傳

　　宋翔鳳生於乾隆四一年（西元 1776 年）；卒於咸豐十年（西元 1860 年），字虞廷，一字于庭，舊號瘦客，江蘇長洲人。嘉慶五年舉人，任河南新寧縣知縣，以老乞歸，咸豐九年重宴鹿鳴，加知府銜。其母親陽湖莊氏，為莊述祖之妹，故其亦為述祖之外甥。宋翔鳳八歲入小學，父親宋簡為其經學之啟蒙師，且其好讀古書，故數年之間，九經皆能成誦，因之，宋翔鳳自少即淹博群籍，尤長於治經。嘉慶四年（西元 1799 年），時年二十三歲，隨母歸寧，因留常州，而授業於舅父莊述祖，得以略聞莊氏今文經學之家法，故宋翔鳳一生治學，無論在崇古、訓詁轉向義理或以家法治經方面，均受莊述祖影響甚深〔註 1〕，乃以治今文經學為職志，欲發揮經書之微言大義。

　　宋翔鳳亦嘗游於段懋堂之門，兼治許、鄭之學，可知其學問乃從乾嘉漢學入門，故其少時之作則專以考證訓詁、名物制度為主。除受莊述祖今文家法影響外，又嘉慶五年（西元 1800 年），宋氏於入京應考之際，曾問學於張惠言，而得聞家法之說，故其治學亦重西漢家法之源流，而於微言大義，則頗能得莊氏之家傳，因之，述祖嘗謂：「吾諸甥中劉申受可以為師；宋于庭可以為友。」〔註 2〕顯示其於述祖心目中

〔註 1〕此處採鍾彩鈞〈宋翔鳳的生平與師友〉一文之說法，見《第一屆國際清代學術研討會論文集》，頁 214，高雄：國立中山大學中文系、中文所編印，1993 年 11 月。
〔註 2〕語見支偉成《清代樸學大師列傳》〈常州派今文經學家列傳第七〉，頁 248，台北：藝文印書館，1970 年 10 月初版。

—45—

之地位當可與劉逢祿相媲美。

　　由於宋氏專力於學問，故其著作種類甚多，廣及經、史、子、集，包含義理、訓詁、考證，校勘、輯佚等方面，較爲重要者有：《論語說義》或稱《論語發微》十卷〔註 3〕，此書乃繼劉逢祿《論語述何》之後，援引《公羊》學說解《論語》之著作。《論語纂言》十卷乃纂述孔安國、鄭康成、何晏、皇侃、陸德明等人之作。另輯有《論語鄭注》二卷、《論語弟子目錄》一卷、《論語師法表》一卷，此三書乃爲恢復鄭康成《論語注》之原貌所纂述之作。《爾雅釋服》一卷、《小爾雅訓纂》六卷、《四書釋地辨證》二卷，皆爲訓詁考證之作。《大學古義說》二卷，乃考諸古文，不依傍鄭注，以求微言大義之處類旁通。《過庭錄》十六卷，包括《周易考異》二卷、《管子識誤》一卷、《尚書略說》二卷、《尚書譜》一卷，以及群經、諸子、史書、文集之札記等。並輯錄三十九歲以前之詩作《憶山堂詩錄》，四十歲以後的詩作《洞簫樓詩記》及文集《樸學齋文錄》……等等。另有《大學古義說》二卷、《孟子趙注補正》六卷、《五經通義》一卷、《五經要義》一卷……等經學著作，統稱爲浮溪精舍叢書〔註 4〕。宋氏早年雖多致力於名物訓詁，至中年才明顯轉入義理之作，而由治學方式之改變，更顯其學識之廣博。因之，宋氏一生雖在科舉場中多次失利〔註 5〕，然由其著作之豐，可知學問之淹博乃無關乎科舉之困蹇。

貳、《論語說義》之著作動機

　　因春秋之際「先王既沒，明堂之政湮，太學之教廢，孝弟忠信不脩，孔子命作《春秋》，其微言備於《論語》。」〔註 6〕又視《論語》之微言與《春秋》之辭相通，可知宋翔鳳欲以《春秋》之微言大義，見諸《論語》的企圖心。由其《論語說義》之序文，可略得宋氏作《論語說義》之意旨及其成書之經過，序文如下：

　　　《論語》說曰：「子夏六十四人，共撰仲尼微言以當素王。」微言者，性
　　　與天道之言也。此二十篇尋其條理，求其詣趣而太平之治，素王之道備焉。
　　　自漢以來，諸家之說時合時離，不能盡一，蒙嘗綜覈古今，有《纂言》之

〔註 3〕《論語說義》即《論語發微》之前稿，錢穆《中國近三百年學術史》言：「今《續經解》有宋氏《論語說義》十卷，乃《論語發微》之前稿。」頁 528，台北：台灣商務印書館，1990 年 10 月台 10 版。

〔註 4〕文中所羅列宋翔鳳之著作，乃依據《清儒學案》、《清史列傳》、《清史稿》《清代樸學大師列傳》等書而來。

〔註 5〕同註 1，鍾彩鈞〈宋翔鳳的生平與師友〉一文之註（十一），言宋翔鳳曾會試不第計有六次，有兩次則因迴避而未應試。

〔註 6〕語見宋翔鳳《論語說義》，卷一，頁 1，收錄於《皇清經解續編》本，台北：藝文印書館，1965 年 10 月初版。

作，其文繁多，別錄私説，題爲《説義》，紬繹已久，有未著子墨者，年衰事益倥偬尟暇，恐并散佚，遂以此數萬言先付殺青，引而申之或俟異日。道光二十年五月九日。

在序文中宋氏已將子夏等六十四人，視爲孔子微言的傳承者，且以「《論語》一書，皆聖人微言之所存。」（卷十，頁 2）故欲從《論語》二十篇中求得太平之治與素王之業。《論語》自漢代以來，諸家之解説紛雜相異，宋氏即博采古今之作，存各家著述之菁華，纂有《論語纂言》，然因文字繁多，故又由其中，抽離出一己之解説，而別錄爲《論語説義》一書，然因年歲已高，逐漸衰老，俗事亦倥偬尟暇，唯恐將來散佚，故急於殺青付梓。宋氏又以《論語説義》之作，尚未臻於至善，有欲待來日再加以引申之意，由此而得見，宋氏著作此書之苦心詣旨。宋氏《論語説義》成於道光二十年五月，上距劉逢祿《論語述何》之作已有二十八年，除承繼劉氏《論語述何》之風外，進而使《公羊》學者援引《公羊》義理以解説《論語》的態勢更爲鮮明。

第二節　《論語説義》之考證特色

宋氏《論語説義》乃欲追循《論語》微言大義的著作動機，雖與劉逢祿《論語述何》撰著之旨相仿，然《論語述何》之文字較爲精鍊簡明，其所依據之文獻資料乃以《春秋公羊傳》爲首，再參以董子《春秋繁露》之説來訓解《論語》，是爲專力闡發《公羊》思想之著作。宋氏《論語説義》雖亦以《公羊》思想爲全書之主脈，然或源於年少時，曾致力於考據之學的緣故，故《論語説義》對於名物之考證以及對歷來《論語》注家訓釋之誤，皆有其獨特之見，茲以此而言明之：

壹、考證文字繁多

《論語説義》共十卷，由於文繁字多，故篇帙較長，其所陳述之論點亦隨之拓展。統括其所引用之文獻資料約略有七十餘種，雖仍以《春秋公羊傳》與《春秋繁露》爲主，另則涉及《三禮》、《左傳》、《詩》、《書》……等經部文獻；《史記》、《漢書》、《魏志》、《水經注》……等史部典籍；《荀子》、《管子》、《韓非子》、《呂氏春秋》……等子部學説；《説文解字》、《爾雅》、《廣韻》……等考據類書，作爲論證之依據。可知，宋氏往往爲了一名物之考證或一文句之訓詁，動輒羅列數種文獻資料作爲論述之例證，此一現象普遍存於《論語説義》中，諸如：對於《論語·爲政》篇「北辰」一辭之解釋，列引了《爾雅》、《周禮疏》、《尚書·堯典》、《書大傳》等有關「北辰」

之訓釋文字，而得「北辰」又稱「北極」、「旋機」、「璇機」之證。另者，爲考證孔子故鄉「鄹」縣之地名，宋氏除引證經部《左傳》、《公羊傳》、《孟子》的記載外，並以類書的《說文》、《廣韻》作爲聲音之考證，以及史書的《漢書・地理志》、《水經・泗水注》作地理位置之考證，最後得證出「鄒」、「鄹」、「郰」實爲同地異名。

因此，由《論語說義》所引用龐多之文獻資料而言，不難得知宋氏極重視「不通於訓詁名物象數，即無以得聖賢立言之所在；不熟於往古制度之損益，即無以見斯世待治之所資。」〔註 7〕所以在十卷的《論語說義》中，宋氏反覆援引了歷來有關各種名物訓詁，以及古今制度損益的考證資料，一方面作爲注解《論語》，闡發微言大義之依據，另方面亦藉此傳達其經世之思想。因此，《論語說義》在注解《論語》的過程中蒐集了多種考證文字，詳備於名物訓詁，實爲此書的一大特色。

貳、辨正歷來注家之誤

宋氏在《論語說義》序文中，曾有感於漢代以來諸家訓解《論語》的不一，因而綜覈古今各家之作，又因其頗精通考據之學，故於《論語說義》中，對歷來注家訓釋的相異處，亦加以辨析之：

一、《論語・為政》篇

子曰：「《書》云：孝于惟孝，友于兄弟，施於有政，是亦爲政，奚其爲爲政。」

宋氏《論語說義》案：

> 《論語》引經多作「于」，施於有政作「於」，是引申《書》意也。據包意正以施於有政爲孔子語，自東晉古文《書》出，始以此語作《書》辭，解《論語》者並從而誤。《後漢書・郅惲傳》雖不從政，施之有政，是亦爲政也，注《論語》孔子之言也，亦與包義合。（卷一，頁 12）

《說文解字》曰：「於，象古文鳥省。」段注：「于、於爲古今字，凡經多用『于』，凡傳多用『於』。」由此而知「于」與「於」乃爲古今字，宋氏以爲《論語》引經「於」字多作爲「于」，然「施於有政」作「於」並不同於一般《論語》引經之情形，故原非引自《尚書》之原辭，而是孔子引申《尚書》之意而來。《論語集解》引包咸注曰：「孝乎惟孝，美大孝之辭，友于兄弟，善於兄弟。施行也，所行有政道，與爲政同。」（卷二，頁 7）由包咸之注，可判斷「施於有政」實屬孔子之語。另有《後漢書・郅惲傳》記載：「鄭敬曰：『雖不從政，施之有政，是亦爲政』」李賢注曰：「《論語》孔子之言也。」〔註8〕其義與包咸同。因之，宋翔鳳乃據《論語》引經之例及包咸與李

〔註 7〕語見宋翔鳳《四書纂言・序》，頁 2，國立編譯館，四書編審會影印藏書。

〔註 8〕引自《後漢書・郅惲傳》卷五九，列傳第十九，《四部備要》史部，台北：台灣中華

賢之注，而認爲自東晉僞古文《尚書‧君陳》篇將「施於有政」作爲《書》辭〔註9〕
後，《論語》注家並從之而誤，故宋氏此處乃欲辨正自東晉以來，諸《論語》注家將
「施於有政」視爲《尚書》之文的錯誤。

二、《論語‧公冶長》篇

　　崔子弒齊君，陳文子有馬十乘，棄而違之，至於他邦，則曰：「猶吾大夫崔子也。」
違之，之一邦，則又曰：「猶吾大夫崔子也。」違之。

　　　　陸德明《經典釋文‧論語音義》曰：「崔子，鄭注云：魯讀崔爲高，今從古。」
〔註10〕宋翔鳳則駁陸氏曰：「此注當在『猶吾大夫崔子也』句下，《釋文》在崔子弒
齊君下當誤。」宋氏《論語說義》所持的理由爲：

> 他國不必皆如崔杼之弒君，當以高子爲是，高國爲齊世卿，當先討賊而不
> 能，陳文子有馬十乘，下大夫之祿也，力不能討，故之他邦，以求爲君討
> 賊而無一應者，如魯之三家也，故曰：猶吾大夫高子，崔杼賊臣不當稱以
> 吾大夫。（卷三，頁5）

《魯論語》讀崔爲高，乃今文家之說，宋翔鳳認爲弒君者雖是崔杼，然高子爲齊國
世臣，卻未聞其聲罪致討，故視之與崔子同惡，以責其不討賊之罪，此與《春秋》
貶趙盾同義。且崔子爲賊臣，更不當以吾大夫稱之。俞樾《群經平議》亦言：

> 崔子弒君，何得改讀爲「高子」？《釋文》此條必有錯誤。所謂讀崔爲高
> 者，下文兩崔子也。陳文子因崔杼弒君惡而逃之，豈得稱之曰：「吾大夫
> 崔子」？且當時列國大夫雖未必賢，亦豈人人皆崔子歟？《魯》讀爲高，
> 甚有義理。（卷三十，頁14）

俞樾之說同於宋氏之意，兩者皆贊同《魯論》讀崔爲高，並以陸德明引鄭注釋崔爲
高，當置於「猶吾大夫崔子也」句下，以成《春秋》寓褒貶之意，可見宋氏於此乃
爲辨正陸德明《經典釋文》之誤。

三、《論語‧述而》篇

　　子曰：「文莫，吾猶人也。」

　　何晏《論語集解》曰：「莫，無也。文無者，猶俗言文不也。文不吾猶人者，凡
言文皆不勝於人。」（卷七，頁11）皇侃《論語義疏》云：「文不，當是于時呼文不

　　　書局。
〔註9〕《尚書‧君陳》第二三：「君陳惟爾令德孝恭，惟孝友于兄弟，克施有政。」台北：
　　　國立中央圖書館特藏組編，善本書叢刊，1991年2月初版。
〔註10〕語見陸德明《經典釋文‧論語音義》卷二四，頁1396，《叢書集成初編》本，北京，
　　　1985年新一版。

勝人爲文不也。」（卷四，頁100）兩者皆將「文莫」連讀，並解爲「文不勝人」之義，宋氏《論語說義》則批評何、皇兩家曰：「但知文莫連言，而不解其義，故爲曲說。」其列舉了幾項論證：

> 《方言》曰：「侔莫，強也。北燕之外郊，凡勞而相勉，若言努力者，謂之侔莫。」《淮南・繆稱》篇曰：「其謝之也，猶未之莫與。」高注：「莫，勉之也。」《說文》：「忞，強也；慔，勉也。」忞即文，慔即莫假借，《廣雅》：「文，勉也。」亹勉、密勿、文莫皆一聲之轉。（卷四，頁8）

宋氏依據上述諸說，而將「文莫」訓爲勉強之義，故「文莫，吾猶人也。」則釋爲「勉強而爲之，躬行君子自然而行之，蓋爲謙辭，以示學者也。」此解與劉寶楠《論語正義》所釋之義相同〔註11〕，皆以爲夫子謙虛之義，故以勉強爲之以自承，宋氏此解實較何、皇兩家來得切近《論語》之本旨，更由而可知，宋氏之說乃經過諸多考證工夫而來，以茲辨正舊說之誤。

宋氏雖能精於名物字句之考證，然其亦有失於粗略專斷之處，例如：《論語・公冶長》篇「子使漆雕開仕」一章，對於漆雕氏之名與字，宋氏《論語說義》曰：

> 《漢書古今人物表》作漆雕啓，啓當是其名，史避景帝諱作開，《論語》稱漆雕開者，是稱其字，猶南宮縚，字子容而稱南容也。（卷三，頁1）

《史記・仲尼弟子列傳》如爲避景帝之諱而作「漆雕開，字子開」，然《漢書藝文志・諸子略》卻記載：「漆雕子十三篇」顏師古注云：「孔子弟子漆雕啓後。」因此，《漢書古今人物表》與《漢書・藝文志》何以直稱「啓」，而未如《史記》之避諱而作「開」，且《史記》所記載之人名，除用「啓」字亦有用「開」字，張椿《四書辨證》曰：

> 如謂《史記》諱啓作開，何以於微子啓作開，於夏后啓仍作啓？且《史記》即避啓作開，而《語》、《孟》不必避一也。何以《孟子》作微子啓，《論語》獨作漆雕開乎？……孔安國史遷之師而曰：「漆雕姓開名」，則「開」爲本字無疑，因「開」、「啓」義通，故或啓或開耳。〔註12〕

觀張椿之推論，當以「開」爲本字，然因「開」與「啓」兩字義相通，故典籍有作「啓」者，有作「開」者。因之，張氏之意實較宋氏之言具周延性。宋翔鳳僅依《漢書古今人物表》作「啓」與《史記》因避諱之故而作「開」，即言漆雕氏之名爲啓，

〔註11〕劉寶楠《論語正義》曰：「夫子謙不敢居安行，而以勉強而行自承，猶之言學不敢居生知，而以學知自承也。」卷八，頁20，收錄於《皇清經解續編》本，卷一一○五，台北：藝文印書館，1965年10月初版，凡下文所引《論語正義》者，出處同此，僅標明卷數、頁數。

〔註12〕由於張椿《四書辨證》，尚未曾見，故此處乃轉引自程樹德《論語集釋》，卷九，頁296，《新編諸子集成》（第一輯），北京：中華書局，1990年8月第1版。

字為開，則未免失之粗略。

　　又「吾斯之未能信」句，宋氏《論語說義》僅言：「啓古字作啟，吾斯之未能信，吾字疑啟字之偽」，其懷疑「吾」與「啟」在字形上可能因訛寫而形誤，然宋氏於此並未再提出相關之考證，作如此之推斷，雖有幾分可信〔註13〕，卻不可不謂之輕忽。因此，宋氏整部《論語說義》雖富有考據之功；具有獨到之見，然亦存有少許的不周延處，則不可不辨。

第三節　《論語說義》之素王思想與今古文之論

壹、素王思想

　　「素王」之稱見於《史記・殷本紀》稱伊尹言湯以「素王及九主之事」，《索引》注曰：「素王者，太素上皇，其道質素，故稱素王。」〔註14〕可知「素王」最初乃指治道素樸之君王，與《公羊》家所言「素王」之意相異。《公羊》家素王之思想乃始於董仲舒，《漢書・董仲舒傳》記載董仲舒《天人對策》曰：「孔子作《春秋》見素王之文焉。」基於此點理論，《公羊》家乃將孔子之地位神化成受命於天的聖人，認為孔子有帝王之德，卻無天子之位，故稱素王。因之，孔子之地位由原先的「聖」而逐漸提升至「王」，所以孔子注《春秋》雖托王魯而改制，實是素王受命改制之義。宋翔鳳身為常州學派之《公羊》學者，在其所著之《論語說義》中，亦曾提及素王之義，並援之以註解《論語》。《論語・學而》篇：「人不知而不慍」句，原是指孔子以人不知而不慍的涵養，自足於內而無待於外在的聲名。宋氏《論語說義》則注曰：

> 謂當時君臣皆不知孔子而天自知孔子，使受命當素王，則又何所慍於
> 人……〈禮運〉記以禹、湯、文、武、成王、周公為六君子，以素王當之，
> 亦繼君子之號。（卷一，頁1）

宋氏以孔子乃受命而為素王，並使其與禹、湯、文、武、成王、周公等六君子並列，以承繼道統。所謂「命」又如何？宋氏《論語說義》言：「命者天命，知天命之所與而受之，見素王之成功，遂發之於此。」（卷十，頁2）其以孔子所受之命乃指「天命」，天命之受又因德之大小不同，故有尊卑之分〔註15〕。然「中庸之德，

〔註13〕同前註。程樹德曰：「宋說是也。《論語》答師稱吾，僅見此文，其為訛字無疑。」
〔註14〕引見瀧川龜太郎《史記會注考證・殷本紀》，頁五五，台北：洪氏出版社，1985年9月版。
〔註15〕採宋翔鳳《論語說義》曰：「天命者，所受之命也，德有大小，則命有尊卑」之義，

乃自古聖賢相傳之大法，而莫之可改，文、武既遠，斯禮絕續，五德之運將歸素王。」（卷十，頁 2）可知素王乃遠紹文、武二王，以承繼中庸之大法，故五德之運終歸焉，由是孔子所成素王之業，即爲顯然可知之事。又《論語・爲政》篇「五十而知天命」邢昺疏曰：「五十而知天命者，有所成立也。命，天之所稟受者也，孔子四七學《易》，至五十窮禮盡性，知命之終始也。」（卷二，頁 2）《易》爲窮禮盡性之書，孔子讀之而韋編三絕，以知天命之運行。宋氏《論語說義》則釋之曰：

> 孔子知將受素王之命而託於學《易》，故曰：「假我數年，五十以學《易》，可以無大過矣。」蓋以知命之年，讀至命之書，窮禮盡性，知天命之有終始，⋯⋯孔子應素王之運，百世不絕，故可以無大過。（卷一，頁 9）。

宋氏將孔子學《易》之事與受天命爲素王之思想結合，因而提昇《易經》之地位，並視爲至命之書，孔子以知命之年始讀之，故認爲孔子學《易》除能盡性窮禮，以知天命之有終始外，更相應於素王之道，而可以無大過。可知宋氏滲雜了今文家素王之思想，以註解《論語》，不同於邢疏之說。

「素王」之觀念除多次出現於宋翔鳳《論語說義》外，另有如：「素位」、「素臣」、「素願」、「素封」等，與「素王」之稱相關的辭彙亦隨之出現。

貳、今古文之觀念

由於今古文學派的不同，對於孔子的定位亦有相異之處。孔子在今文學家之地位甚高，視之爲宗主，以之當素王，乃意味著今文學家「尊孔」的思想，認爲孔子作《春秋》，乃借事以明理，以之寓託微言大義，並斥古文經傳爲劉歆所僞作。古文學家則宗周公，雖以孔子爲先師，卻認爲孔子修《春秋》僅信而好古，述而不作，故視《春秋》爲史，並斥今文家以口說爲憑，多所臆造。

宋氏《論語說義》亦以今古文學所依據典籍的不同而嚴明今、古文之別，其言曰：

> 今文學家者，博士之所傳，自七十子遞相授受，至漢時而不絕，如《王制》、《孟子》之書，所言制度罔不合一。⋯⋯其實《春秋》爲孔子所定，本堯、舜、文王之意，述三代之制，斟酌至當，百世不易。（卷一，頁 3）

宋氏以今文家所本之《王制》與《孟子》兩書皆源自於孔門弟子遞相傳授，藉以言明今文學乃承孔子聖學之統緒，且合於三代之制度，並肯定《春秋》爲孔子本三王之意，述三代之制而作，其法雖經百世而不易。對於古文家所宗的典籍《周禮》，宋

卷一，頁 9。

氏《論語說義》亦有言曰：

> 自古文家得《周官》經屋壁，西漢之末，錄之中祕，謂是周公所作，凡他
> 經不合者咸斷之曰夏、殷。……《周禮》之傳，無所師承或者戰國諸人，
> 刌周公之制作，去其籍而易其文，以合其毀壞并兼之術，故何君譏為戰國
> 陰謀之書，馬、鄭兩君篤信古文，輒就《周禮》轉詁他經，幾使孔、孟之
> 所傳，分為兩家之異學，積疑未明，大義斯滅，後之儒者不可不辨也。（卷
> 一，頁 3）

《周禮》原名《周官》，是一部先秦儒學之典籍，曾因戰亂而失落，至漢興才獲重
視，故宋氏認為《周禮》為壁中之書，乃戰國時人為毀壞并兼之術而依託周公之
作，其無所師承，故東漢今文家何休斥為六國陰謀之書，而馬融、鄭玄兩古文學
家則以《周禮》轉詁他經，實已混亂今古文之別，故宋氏告誡後學應予以明辨之。

　　由上所述，宋氏以今文家所宗之《王制》、《孟子》與古文家所宗之《周禮》，判
分今古文之別，並訴諸於今、古文家所宗典籍的可信度與傳承性，以譏古文經學的
穿鑿偽託，而明顯的提昇今文經學之地位。宋氏亦認為今文家所言之禮，相異於《周
禮》中的禮制，其謂：「成《春秋》之法而不合於《周禮》，禮，今文家所傳具在，
惟知禮而後可以作《春秋》，以為後世有天下者之則。」（卷十，頁 2）今文學家一
向崇重《春秋》為治天下不易之法，故宋氏以《春秋》所言之禮，為今文家所傳，
非同於古文家之《周禮》，進而分別今、古文禮制的不同。可知今文經學以《王制》
為本，體現孔子改制之思想；古文經學則以《周禮》為主，代表周公思想。宋氏在
《論語說義》中點出了今古文《王制》與《周禮》的分別與爭論，或可視為日後廖
平平分今古文之論的先聲。

第四節　《論語說義》之通三統及張三世思想

　　宋翔鳳《論語說義》釋《論語・八佾》篇「從心所欲不踰矩」句曰：「《春秋》
之作，備五始、三科、九旨、七等、六輔、二類之義，輕重詳略，遠近親疏，人
事浹，王道備，撥亂反正，功成於麟，天下太平，故曰：『從心所欲不踰矩』。」（卷
一，頁 10）此言雖已違離了《論語》「從心所欲不踰矩」之本義，卻也顯示宋氏對
《公羊》義例的重視，因之，於《論語說義》中亦不乏有援引《春秋》之義、《公
羊》之旨闡釋《論語》的情形，然觀宋氏《論語說義》所援引的三科九旨思想，
並未提及「異內外」，故本節僅探求宋氏《論語說義》的通三統與張三世思想。

壹、通三統思想

《論語・爲政》篇：「子張問十世，可知也。」此章爲子張問十世之禮樂損益與政教之因革。宋氏認爲子張因知孔子爲素王，並受命作《春秋》，故問其法以言十世可知乎？《論語說義》曰：

> 孔子爲言損益三代之禮，成《春秋》之制，將百世而不易，何止十世也……
> 孔子作《春秋》以當新王而通三統，與《論語》以答顏淵問爲邦，因四代
> 之禮，成制作損益之原，其道如一。（卷一，頁 13）

宋氏謂孔子言三代禮樂之損益，而成《春秋》百世不易之法。《春秋》以魯當新王而通三統，與《論語》孔子答顏淵問爲邦，因虞、夏、商、周四代之禮，所成制作損益之道相同。然《春秋》乃爲繼周之作，而《春秋》王者，則需繼「文王之體，守文王之法度」，故《論語說義》釋「周監於二代，郁郁乎文哉，吾從周」曰：

> 《春秋》雖據魯、新周，然必託始於文王，故孔子曰：「文王既沒，文不
> 在茲乎」以是知周監於二代，郁郁乎文哉，謂文王之法度也。自杞、宋不
> 足徵，乃據魯作《春秋》，魯周公之後，周公成文、武之德而制作明備，
> 孔子從而損益之，故曰：「吾從周」，即周監二代之義，謂將因周禮而損益
> 之也。（卷二，頁 10）

宋氏承何休《公羊解詁》之說，以文王爲周始受命制作之王〔註16〕，故《春秋》通三統，必託於文王而損益夏、商二代之禮樂政教，以成典章皆備之周制，而爲文王之法度。孔子據魯而作《春秋》，乃因魯爲周公之後，周公承文、武之德，制作明備，故孔子因周禮而損益之，以實踐《春秋》通三統之義。又「《春秋》繼周而損益之故遂定，雖百世而遠，孰能違離孔子之道，變易《春秋》之法乎。」（卷一，頁 13）可知宋氏視《春秋》通三統，言損益之道，乃爲邦治國之大則，百世不易之大法。

貳、文質觀

前章曾言劉逢祿《論語述何》中的文質觀，其認爲三王之道循環不已，文質亦隨之再復，對於文質損益之道，劉氏認爲「僅舉其偏者以補其弊而已」，故提出執中之論〔註17〕。宋氏《論語說義》除認爲文質不能相去外，其將文質損益變革的原因，歸之於社會因素，並提出文質與禮的關係，由而得知宋氏《論語說義》的文質觀乃

〔註16〕《春秋公羊傳・隱公元年》傳曰：「王者孰謂，謂文王也。」何休《公羊解詁》曰：
「以上繫王於春，知謂文王也。文王周始受命之王，天之所命。」《十三經注疏》本，
卷一，頁 7，台北：藝文印書館，1989 年 1 月 11 版，凡下文所引《春秋公羊傳》者，
出處同此，僅標明卷數、頁數。
〔註17〕關於劉逢祿之文質觀可參閱前章，第二節。

較劉氏《論語述何》有更深入的論述。

一、文質代變關乎人心風俗與聖人因勢利導

　　《春秋》褒貶善惡，進退誅絕，嚴明於君臣之分際，以挽人心而救風俗，故宋氏《論語說義》云：「孔子受命作《春秋》制，去周之文，從商之質，亦以人心風俗，其機可乘也。」（卷五，頁2）宋氏認爲《春秋》之制去周文從殷質，乃乘人心風俗之機，又曰：

> 春秋之時，僭竊相仍，學士有去文之意，民心有從質之機，故棘子成有君子質而已矣之說，而子貢惜之，以未求禮之本，今林放能問而孔子大而美之，林放魯人，棘子成衛大夫，皆不在弟子之列，而意皆及此，此列國人心風俗，將思有所變易，聖人遂因乎世運，而斟酌損益，以成《春秋》去文從質之禮，所謂因其勢而利導之，復脩教化，以崇起之者，如此而已。
>
> （卷二，頁4～5）

春秋之時，周文已弊，諸侯僭天子，大夫僭諸侯，僭竊相因，故以當時人心風俗之取向乃欲去周之文求殷之質，以補時弊。林放非孔門弟子而能問禮之本，孔子大而美之，此乃代表風俗民心取向於求質，因而聖人立一王之法，成一代之禮，損益之道，需因於世運消息，以順乎人心風俗之變易，而成《春秋》去文從質之法，故在文質的變革中，既決定於人心風俗之向背，宋氏因此提出了因勢利導的觀念，其《論語說義》曰：「政教文質，所以云捄也，故事或變古而不遠於道者，聖人亦因勢利導而已矣。」（卷五，頁3）政教文質雖幾經因革變異，卻能不遠於道，實因於聖人因勢利導之故，對於三代文質之損益，宋氏即持此一看法，其言曰：

> 言殷、周之文者，言殷之末世，質法已敝，人皆患其敝而趨於文，故文王之制度，用文家之法，因而利導之。〈爲政〉篇言：殷因於夏，周因於殷，皆因勢利導之意，故曰：殷、周之文。又曰：殷、周之質不勝其文者。言殷、周之際，正文勝乎質之時，君子之道，當因其勝者則民順而易行，非質勝而改文，文勝而改質也。（卷三，頁11）

殷之末世，人皆患質之敝，故人心趨於文，文王順乎人情，故制文家之法以利導之，觀乎三代文質勝衰之道，亦是因民心之勢而利導之故，《禮記・表記》篇曰：「虞、夏之質；殷、周之文至矣。虞、夏之文不勝其質；殷、周之質不勝其文。」〔註18〕因王者相變，質文各有所主，故雖言虞、夏以質爲勝，殷、周以文爲勝，然宋氏《論

〔註18〕語見《禮記・表記》第二三，頁721，台北：學海出版社，1981年9月再版。凡下文所引《禮記》者，出處同此，故僅標明頁數。

語說義》則謂：「文質互言，明王者制度所消息也。」（卷三，頁 11）實際上僅是藉文質之相互循環，以明王者制度，非僅質勝而改文，文勝而改質，因此，對文質之關係，宋氏《論語說義》有言：

> 主文主質之始，實兼是二者以消息其盛衰，文不能去質，質不能去文，是
> 以文質能相救也。（卷三，頁 11）

宋氏以文質原本相兼，而文勝或質勝的條件，乃因於人心消息與王者因勢利導而決定，故雖以文質互言，實為文質不能相去，兩者當是相與共濟，相容並存的。

二、文質為禮之末

春秋之時，兵車之會興，禮義之本壞，各國間僅尚力而無禮義，因禮義已廢於戰爭，故《春秋》陳王道、撥亂反正，《公羊》家遂有以《春秋》當新王，受命改制之說，新王之治經緯萬端，其義散之於《春秋》，其旨數千，然要而言之，禮義而已〔註19〕。

《禮記·禮器》篇曰：「三代之禮一也，民共由之。或素或青，夏造殷因，周坐尸，詔侑武方，其禮亦然，其道一也。」（頁 313）宋翔鳳《論語說義》謂：「是一者，禮之不可易者也、本也，文質者，順時而變者也，禮之末也。《春秋》家謂三代一質一文，以再而復。」三代所尚之典制雖異，然禮制則相因，因此，宋氏認為三代文質相代反復的過程中，當以禮為根本，文質則因時而變異，僅為禮之末。然對於禮之作用，宋氏《論語說義》曰：

> 商家主質，質之過流為貴賤無等，周家主文，文之過流為以下僭上，由於
> 孝弟忠信之不明，相與舍本崇末，以致有流失敗壞，如魯君臣之事。是必
> 知禮之本，則能通文質之變，以救世運。……禮去奢而觀儉則忠信之道存，
> 喪去易而觀戚則孝悌之心出，斯為禮之本，而後主文主質，可以變通而無
> 弊（卷二，頁 4）。

質之敝為貴賤無等，文之敝為上下無分，究其原因乃於捨禮之本而崇文質之末，以致有流失敗壞之象，故能知禮之本於前，則能通文質之變於後，此二者備，當可挽救世運之頹溺。因此，文質雖謂為禮之末，然對禮而言卻有不可分的關係，宋氏《論語說義》又謂：「曰質曰文即所由之道也，禮有文有質，謂之備，勝文勝質，謂之不備，……文質彬彬，君子之體，謂之禮。」（卷三，頁 11）禮與文質雖為本末關係，然宋氏認為文質乃為用禮之道，禮需有文有質始可稱為完備，反之則謂之不備，故

〔註19〕此處根據《史記·太史公自序》曰：「撥亂世反之正，莫近於《春秋》，《春秋》文成
　　　數萬，其旨數千。」又曰：「《春秋》者，禮義之大宗。」見瀧川龜太郎《史記會注
　　　考證·殷本紀》，頁 1370～1971，台北：洪氏出版社，1985 年 9 月版。

君子之體當以文質皆備，方可爲禮，可知禮與文質之關係合則雙美，分則兩傷。

參、張三世思想

　　宋氏生於清代內憂外患交迫之際，故其《論語說義》於《公羊》張三世思想，亦有其獨特之見，其言曰：

> 文公繼所傳聞之世，當見所以治衰亂，昭公繼所聞世，當見所以治升平，哀公終所見世，當見所以治太平者，於此之時，天必示以除舊佈新之象，而後知《春秋》張三世之法，聖人所爲本天意以從事也。……公侯伯子男至九采之國，內外秩如，所謂治升平之世，內諸夏而外夷狄，故見除舊佈新之象。（卷九，頁4～5）

宋翔鳳以文公乃繼僖公之所傳聞世，當見所以治衰亂之象；昭公乃繼襄公所聞世，當見所以治升平之象，而哀公乃所見世之終者，故當見所以治太平之象。在太平世中，宋氏提出了「天示以除舊佈新之象」。依宋氏之意，在三世的遞進中，政治狀況亦隨三世而演變，由治衰亂而治升平進而治太平，每逢一世的轉換，政治便逐漸趨向安定，迄至治太平世，天則示現除舊佈新之象，此乃聖人承天之命而制《春秋》張三世之法。因此，《春秋》以內其國而外諸夏的治衰亂之世，轉變爲內諸夏而外夷狄的治升平之世，顯見有除舊佈新之象。由此可見，宋氏於《春秋》張三世思想中，特別重視所見世之致太平，《論語說義》曰：

> 孔子救亂世作《春秋》，謂一爲元，以著大始而欲正本然，張三世以至於治太平，顏子繼其後，太平之治已見。……言太平之世，群聖相繼效至捷也。（卷三，頁2）

宋氏以《春秋》乃孔子爲救亂世而作，其欲正三世遞變之本然，故以《春秋》三世始治衰亂於所傳聞世，歷經治升平於所聞世後，最終乃歸於群聖相繼效至捷的太平世。因此，身逢國勢內外交迫之季的宋翔鳳，其所以於三世中尤重所見世的著治太平是可以理解的。對於致太平後所達到的理想，宋氏則謂：「《春秋》致太平之後，與堯、舜之道爲一。」（卷八，頁4）可知宋氏認爲所見世之太平，即同於堯、舜之道，合於先王之制。《春秋》既於所見之世可致太平，禮樂之事即隨之而興，宋氏《論語說義》曰：

> 孔子於《春秋》，張三世至所見世而可致太平，於是明禮之本，使先王之禮樂可行於今。（卷二，頁19）
>
> 《春秋》至所見世爲治太平，故作韶樂以明之（卷八，頁3）。

春秋之時，政治混亂，禮樂崩壞，孔子爲撥亂起治而作《春秋》，至所見世而治著太

平，故能恢復先王禮樂之舊觀，使先王之禮樂可行於所見之世以明太平之治。

第五節　《論語說義》之政治思想

　　《公羊》家面對時代之亂局，往往以孔子之微言大義，寓寄其政治理想。宋翔鳳身處乾隆、道光、咸豐三世，清代政治至乾隆年間已由盛世逐漸轉衰，迄至道光、咸豐之際，於內憂外患的煎熬下，滿清政權之命運，已面臨朝夕不保，將有顛覆之虞。面對如此時勢，自少便負有經世之志的宋翔鳳亦於《論語說義》中陳述了其政治理想。

壹、崇尚以禮治國

　　許愼《說文解字》曰：「禮，履也，所以祀神致福也。從示從豐，豐亦聲。」可知「禮」早期的意義與祭祀有關，然隨著歷史的進展，「禮」的範疇亦逐漸拓大〔註20〕，「禮」發展至周代以後，已不再是單純的祭祀或祭儀，舉凡道德規範、事理法則，均無不涵蓋。《禮記・仲尼燕居》篇言「禮」曰：「禮者何也？即事之治也。君子有其事，必有其治，治國而無禮，譬猶瞽之無相。」（頁653）禮可使一切制度、事理有所依據，可知禮對於治國安邦的重要性。另者《荀子・富國》篇曰：「禮者貴賤有等，長幼有差，貧富輕重皆有稱。」〔註21〕貴賤、長幼、貧富……皆非禮莫辨，因之，禮亦有別同異、表分際之義。宋氏《論語說義》認為「禮樂者，治身治民之具。」（卷六，頁1）禮之功用性，小則治理個人身心，大則推及社會國家，其進一步論曰：

　　　君子惟明禮而後可以居室，不然風俗之衰，與人倫之變，未有不自居室始
　　　也，故曰人有禮則安，無禮則危。（卷一，頁9）

禮雖是個人修養的德目外，然亦影響人與人之間的關係以及社會風俗之澆薄淳厚，對於人倫與風俗具有穩定之作用，故人情日變，風俗日漓之際，聖人所為當明禮樂以圖救之。君臣之間，如不相接以禮，必將以智術相御，使「君一朝失其勢則憂篡弒；臣一朝失其權則憂放逐」，則以權術相傾軋，導致君臣之倫喪亡，因此，宋氏《論語說義》云：「君臣之間不必以權勢相御，而在乎以禮相與。」（卷二，頁15）君臣之道既相與以禮，故禮以別君臣，宋氏《論語說義》認為：

〔註20〕徐復觀《中國人性論史》〈先秦篇〉曰：「『禮』字乃由『豐』字發展而來，但『禮』字
　　　　除了繼承『豐』字的原有意義而外，實把祭祀者的行為儀節也加到裡面去了。」頁42，
　　　　台北：台灣商務印書館，1977年4月3版。
〔註21〕語見《荀子・富國》篇，卷六，頁2，《四部備要》子部，台北：台灣中華書局。

禮之殺者也，有正變即有其隆殺而君臣之義益明。（卷二，頁31）

爲政之道，諸侯、卿大夫皆當以禮裁制之。（卷一，頁11）

君臣當以義相合，因而藉由禮之隆殺，以明君臣之義。君臣之義明，則君使臣以禮，臣事君以忠，忠乃爲禮之本〔註22〕，故君臣之義實由「禮」而體現之。宋氏進而認爲治國當以德與禮爲本，以政與刑爲末，本末之序不可顛倒，《論語說義》曰：

先末而後本，則上下皆以術應，故名法之學，無忠厚之意，巧詐孰而廉恥亡，至於其本盡失，而民終於邪僻矣。先本而後末，則上下皆以心通，先慎乎德而後辨上下、定民志，自禹、湯、文、武、成王、周公之世，而皆謹乎禮，故能正身以正朝廷，正朝廷以正百官，萬民德禮既精，則政刑亦無弊，是先本者可以舉末，先末者爲有不撓其本者也。（卷一，頁9）

《白虎通・五刑》篇曰：「聖人治天下，必有刑罰何？所以佐德助治，順天之度也。」〔註23〕政、刑、德、禮爲治道之四端，然政與刑之存在乃爲輔德與禮之不足。治國德、禮在前則上下皆慎乎德、謹乎禮，政刑亦隨之無弊，故曰先本者可以舉末。反之，政、刑在前，則上下應之以巧詐謀術，德、禮終將喪失殆盡，故曰先末者以撓其本，因之，治國當以德與禮爲本，以政與刑爲末。

既言及禮，自不可不言讓，「讓者，禮之主也；世之治也，君子尙能而讓其下。」〔註24〕對於禮與讓的關係，劉寶楠《論語正義》有言：「讓者禮之實，禮者讓之文，先王慮民之有爭也，故制爲禮以治之。」（卷五，頁7）可知讓乃爲禮之實踐，自古天下莫不亂於爭，能禮讓則爭端息而天下治。宋翔鳳亦認爲春秋時，僭禮越分之事紛起，實由於不能相讓之故，其《論語說義》言：

夫禮，所以明讓，讓則不僭，不僭則上下各安其分。故能守其義斯謂禮；能行其仁斯謂讓。以禮以讓而爲一國，又何所見其難？隱公推讓而立，《春秋》遂託始於隱而成其賢，於襄二十九年，書「吳子使札來聘」亦美札之讓國，《傳》稱：「君子以其不受爲義，以其不殺爲仁，是札以讓成其仁義，吳於是有君有大夫」，明能以禮讓乃可爲國也。云：「不能以禮讓爲國，如禮何？」者，魯自文公因失禮爲逆祀，上誣其先君，於是三桓專政，宣公篡立，不能以禮讓而國非其國。……故不以禮讓則諸侯僭天子，大夫僭諸

〔註22〕宋翔鳳《論語說義》曰：「天子盡臣禮以事天，諸侯盡臣禮以事天子，是皆事君盡禮，而後能使臣以禮，故臣事君以忠，忠者禮之本也。」卷二，頁15。
〔註23〕引見《白虎通・五刑》篇，卷四上，頁243，《叢書集成初編》本，北京：中華書局，1985年北京新一版。
〔註24〕語見《左傳・襄公十三年》文，卷三二，頁3～4，《十三經注疏》本，台北：藝文印書館，1989年1月11版。

－59－

侯，其禍相因，亦由己而推。（卷二，頁31）

宋氏此言乃發明《公羊》學崇讓之思想，其認爲禮以明讓，因上下有禮，故而能讓，因讓而不僭，故上下安其分，因之，不知禮讓實爲諸侯、大夫相僭之禍端。宋氏亦隨文評論《春秋》魯自文公因失禮逆祀，而導致三桓專政、宣公篡立的情況，乃因不能禮讓，故國非其國。另又稱隱公推讓之賢，並美吳國季札讓國之義，可知宋氏崇讓之心極爲深切。

貳、立教興學以化民

《論語說義》曰：「聖人南面而聽，天下嚮明而治，故所居曰明堂，明堂、太學同處，教士則曰太學，爲政則曰明堂。」（卷七，頁3）可知明堂、太學爲古代政教之處所，雖因其使用的目的不同，而有太學與明堂之稱，然亦由此而見兩者密切相關。《禮記·經解》篇曰：「入其國其教可知也」鄭注曰：「觀其風俗則知其所以爲教。」（頁639）由是知六經之教，對風俗民情之影響，宋氏《論語說義》亦曰：「必有文字而教立，教立而君臣、父子之倫攸序。」（卷八，頁2）其認爲立教可明人倫之序。何謂教？《論語說義》云：

> 《論語》屢言文、行、忠、信與《詩》、《書》、執《禮》相爲表裏。文，
> 文章；行，德行，《詩》、《書》之所載也，忠信禮之本也，必由文、行、
> 忠、信而後《詩》、《書》、《禮》、《樂》，浹於人之性，而後可以謂之教也。
> （卷四，頁6）

透過文、行、忠、信內在的進德，再兼以《詩》、《書》、《禮》、《樂》外在的學習，內外合一，深浹於人之性，始可謂之教。宋氏又云：「夫子推五經六籍之教，以觀人國而知其政教得失。」（卷一，頁5）故曰：「《詩》、《書》、《禮》、《樂》明而可以爲政治國。」（卷三，頁4）由推五經六籍之教可觀一國政教之得失，即知五經之教與爲政治國相關甚大。

宋翔鳳又將興學與立教，作君與作師，視爲等同，《論語說義》言：

> 人心之不失，綱維之不壞，皆繫於學。先王興學以治人情，聖人設教以維
> 世，故作君作師統緒若一也。（卷一，頁1）

其將學視爲教化人心，維護綱紀之要素，故曰：「興學以化民」，打破王者必先封建而井田而後學校三大端，特別強調學校的重要性，《論語說義》言：

> 學校興雖不井田、不封建而一世治，學校廢雖行封建、行井田而世愈亂，
> 上無學而下無禮也，化民成俗必由學，三王四代，惟其師好禮、好義、好
> 信皆學之所從出也。（卷七，頁3）

好禮、好義、好信皆從學而出，推至民心風俗之善惡亦莫不相關於學，因之，學校之興廢較之行封建、行井田皆來得重要，因其關係著國家之治亂興衰。進而觀之，「君子如欲化民成俗，其必由學，言學而不可究之於治國，其學爲無本。」（卷一，頁3）學必以治國爲本，總而言之，宋氏認爲化民成俗必先由「教」與「學」，而兩者皆當以治國爲目地，可知宋氏將「立教」及「興學」視爲爲政治國的主要措施。

參、舉賢才而用之

治理國政除有明君外，亦需以賢臣輔之，故君主治國皆當舉賢才而用之，宋氏《論語說義》認爲：「爲國之要在能用人，有司任事之人也，公卿、大夫、士皆謂之有司。」（卷七，頁1）能用人亦是治國之要素，公卿、大夫任人隸事，當以何者爲用人之標準？宋氏《論語說義》曰：「有司者，必舉賢才爲本，舉賢才者，必以知其人爲要。」又以《堯典》克明俊德，謂「能明俊德之士，任用之。」可知用人必先知其爲人並舉賢德爲主，故舉賢德之才乃爲有司之責，亦爲王者之大政。宋氏既主張用人當以賢才爲要，故其對於後世以考試作爲取士用人之標準亦提出批評，其《論語說義》言：

> 後世試文之工拙而迴避其親，故非舉爾所知之法也；立程式以考課而不問其行誼，亦非赦小過之法也。人才之日下，政治之日敝，三代之不可復，職此之由也。（卷七，頁1）

宋氏將人才日下，政治日敝，三代之世不可復存的情況，歸咎於後世以試文之工拙；立程式以考課作爲擢拔人才的標準，並加以批評此種不能知人善任，不能舉有德之士的用人方式。

第六節　《論語說義》引《易》、《老》研究

宋翔鳳注訓《論語》雖蒐羅了七十餘種考證資料，其中除援引《公羊傳》及董仲舒《春秋繁露》之思想以解說《論語》外，亦援用了《易經》與《老子》之思想，且試圖將《易》、《老》與《論語》三者之說法相與會通。

壹、援引《易經》思想以說《論語》

宋翔鳳認爲窮理盡性以至於命莫過於《易》，故視《易》能明天道、通人事，以彰顯微言，可知其對《易經》之重視，因之，宋氏《論語說義》即曾多次援引《易經》思想以說解《論語》。

一、《論語・雍也》篇：「回也，其心三月不違仁。」

宋氏《論語說義》釋之曰：

> 顏子學《易》已深，故能不遷不貳，合復初之象，益初至四，互復其象曰：
> 「君子以見善則遷，有過則改。」……顏子之遷善動於幾微而人不覺，常
> 人輕躁之情，易遷於喜怒而怒尤甚，顏子粹道沖和無怒可遷，……其過當
> 亦意力稍勝，見爲過中改之既速，斯不貳過，故曰：「其殆庶幾」許其能
> 體復也。（卷三，頁9）

宋氏引《易・繫辭傳》子曰：「顏氏之子，其殆庶幾乎？有不善，未嘗不知，知之，
未嘗復行也。《易》曰：『不遠復，无祗悔，元吉。』」相應於《論語》顏回的不遷怒、
不貳過，因之，宋氏認爲顏回學《易》已深，故能不遷怒、不貳過，而合乎《易》
復卦初九爻「不復遠，无祗悔，元吉。」之象，且益卦大象曰：「風雷益，君子以見
善則遷，有過則改。」而顏子能遷善動於幾微，粹道沖和無怒可遷，見有過則改之
既速，能不貳過，故宋氏讚許其能體復卦之精神。《論語說義》又云：

> 體仁不違仁者也，長人以仁之道治一世者也，乾初之陽，上窮於剝，剝窮
> 上，反下而爲復，剝爲九月，復爲十一月，中間十月，坤純陰之卦，含宏
> 光大而凝乾元，故坤初六有履霜堅冰象，爲陽震出坤，潛龍勿用，陽氣常
> 息於剝、坤，復三月消息見其義，乾元勿用而確乎不拔，是爲不違仁，回
> 之心見天地之心，故復初有元吉之象，元者乾元，回能體復，故三月不違
> 仁，仁體君道故德行之科如回比者，皆可使南面者也。（卷三，頁9）

《論語・雍也》篇：「回也，其心三月不違仁。」乃爲孔子稱美顏回其心雖經一時復
一時，而不變移違去仁道之義。宋氏則論述《易經》乾、坤、復三卦初爻之象，以
解說《論語》此句，其以坤卦初六「履霜堅冰」象，以喻顏回的見微知著，又以乾
卦初九「潛龍勿用」以喻顏回的仁心確乎不拔，且以顏回能體復初之象，故能三月
不違仁。宋氏以稱顏回之體仁，而指出仁爲君道之本。

二、《論語・里仁》篇：「苟志於仁矣，無惡也。」

宋氏《論語說義》釋之曰：

> 此謂本乾元以正性命者，宜有善而無惡也。乾元爲仁，元居四德之首，仁
> 爲五性之初，《易》虛乾元以用大衍之數，《論語》明仁之本，以求禮樂刑
> 政之施。……《易》曰乾元者始而亨者也，利貞者性情也，以五性之正正
> 六情，故曰性情求乾元之義，知五性皆統於仁，亦猶帝出於震，乾初即復
> 初，復初即震初，同爲乾元也。……是知性者必志於仁，乃得其性之初，

故其善日長，其惡日消，至於能性其情而惡無所舍，苟不至於仁者，又安
能免於惡哉。（卷二，頁25～26）

《論語》此章之義乃言人若能心志於仁，則必無作惡之事。《論語》禮樂教化之施，
乃本於仁，仁為五性之初，而元為《易》四德之首，《易·文言》曰：「元者，善之
長也。」故本乾元以正性命，則有善而無惡。宋氏則以《易》乾卦之元，配以五性
之仁，其將五性統於仁，視之猶如《易·說卦傳》「帝出乎震」，震為東方且為木為
春，故萬物出乎震，象徵生氣蓬勃，然乾初、復初、震初，皆同於乾元為眾善之長，
而仁亦得其性之初，具有生生之德，能長善消惡，故宋氏以此而得出「苟志於仁，
無惡矣！」的結論。

三、《論語·述而》篇：「用之則行，舍之則藏，惟吾與爾有是夫。」

宋氏《論語說義》釋之曰：

善者陽也，以乾元之勿用，知復初之不遠，於乾明性善之理，此天道也，
聖人之學也，於復初著復性之功，此人事也，賢人之學也。謂顏淵曰：「用
之則行，舍之則藏，惟吾與爾有是夫。」復之利有攸往，用之則行也，乾
初之潛龍勿用，復之消息可以通乾賢之成功，可以合聖。（卷四，頁4）

皇侃《論語義疏》釋「用」謂時世可宜行之事；釋「藏」謂時世不宜行之事〔註25〕，
《論語》此章言夫子之行藏與顏回同，用、捨隨時，行、藏不忓於心。宋氏乃以乾
元為性善之理，屬之天道為聖人之學，復初為復性之功，屬人事為賢者之學，故以
《易》復初之消息通乾初之潛龍勿用，言聖賢之行藏，合於聖道，此以解《論語》
夫子與顏回用、舍之義。

由上述之例，見出宋氏援引《易經》思想作長篇反覆論述，發揮《歸藏易》之
說，並藉以釋解《論語》章句，實有牽附之嫌，章太炎即批評宋氏「最善於附會，
牽引飾說，或采翼奉諸家，而雜以讖緯神秘之辭。」〔註26〕章氏之言實為確論。

貳、援引《老子》思想以說《論語》

宋氏《論語說義》將《漢書·藝文志》論道家：「秉要執本，清虛以自守，卑弱
以自持」用以解《論語·雍也》篇居敬行簡之義，而認為「人君南面之術，則老子
與孔子道同一原」又曰：

〔註25〕見皇侃《論語義疏》卷四，頁88，《叢書集成初編》本，北京：中華書局，1985年
　　　　新版。
〔註26〕引見章太炎《檢論·清儒》，卷四，頁4，收入《章氏叢書》，台北：世界書局，1982
　　　　年4月再版。

《論語》言爲政以德，譬如北辰居其所，又言道之以德，齊之以禮，又言
無爲而治，五千言之文，悉相表裡。（卷四，頁1）

《論語》提出「爲政以德」的政治思想，並將「道之以德」與「齊之以禮」視爲爲
政的兩個方面，可知孔子崇尚德治與禮治。然老子的政治思想實從其道論推展而來，
故其崇尚無爲而治，認爲聖人當「處無爲之事，行不言之教。」並認爲上德無爲；
下德有爲，而禮者更爲「忠信之薄而亂之首。」〔註27〕可知老子並不言禮治，甚至
不言德治。因之，《論語》既言道之以德，齊之以禮，所說的無爲而治，實際上乃是
無爲而有所爲，實相異於《老子》以好靜、無欲、無事、無爲而自然的政治思想。
由此而見宋氏之言實有可議之處。

宋氏又列舉了數例〔註28〕，以說明《老子》與《論語》思想的相同處：

（一）《論語說義》曰：「《老子》曰：『聖人處無爲之事，行不言之教』無爲而有事，
不言而有教，非居敬而何。」

案：宋氏以《論語》「居敬行簡」乃指居身恭敬，其行寬略，若以此治民，則事不煩
而民不擾，正如《老子》處無爲之事，行不言之教。

（二）《論語說義》曰：「『聖人抱一爲天下式』一者誠也，誠爲敬，故抱一即居敬。」

案：宋氏將「抱一」釋爲居敬，並解「一」爲誠。事實上《老子》言「抱一」即指
抱道之義，故「一」即是道，然在《老子》五千言中，未曾提及「誠」字，宋
氏於此乃以己義而說之。

（三）《論語說義》「曰：『兵者不祥之器，非君子之器』即《論語》軍旅之事未之學
也。」

案：《老子》主張非兵思想，其視兵者爲不祥之器，因「師之所處，荊棘生焉。大軍
之後，必有凶年。」（第三十章）故有道之君不以兵強天下。《論語・衛靈公》
篇，衛靈公曾問陳於孔子，因衛靈公無道，故孔子答以「軍旅之事未之學也」，
孔子之意治國當以禮義爲本，軍旅爲末。然孔子亦曾言：「足食、足兵，民信之
矣。」又言：「善人教民七年，亦可以即戎矣。」可知孔子並不是非兵主義者，
宋氏以《老子》之言解《論語》之說，非得其宜。

（四）《論語說義》曰：「其書二篇（指《老子》德經與道經）屢稱聖人，即述而不作
也。」

〔註27〕《老子》第三八章：「上德不德，是以有德；下德不失德，是以無德。上德無爲而無以
爲；下德無爲而有以爲，……夫禮者，忠信之薄而亂之首。」《四部備要・子部》，台
北：台灣中華書局。

〔註28〕諸例可見於《論語說義》，卷四，頁2。

案：《老子》、《論語》兩書所稱的聖人，並不相同，《老子》之聖人是指處無為之事，
　　行不言之教者，相異於《論語》之聖人制作禮樂典章，以教化人民，且夫子言
　　「述而不作」乃為謙辭，故《老子》所稱之聖人，並不同於《論語》述而不作
　　之義。

（五）《論語說義》曰：「『執古之道，以御今之有，能知古始，是謂道紀』此信而好古
　　也。」

案：《老子》所稱之「古」字，當是指古代自然無為的渾樸之道而言，然《論語》所
　　言之「古」則指古代之史事、史料，兩者之意實有所別。

由上述之數例而觀之，宋氏未能辨別《老子》與《論語》兩者思想的差異處，故往
往以《老子》之言闡釋《論語》之意，終不免有牽附之嫌。

參、會通《易經》、《老子》與《論語》之思想

　　宋氏除了分別援引《易經》、《老子》以說解《論語》外，並藉由反覆的列舉論
證，企圖尋出三者思想的相關性，以達成其會通《易》、《老》與《論語》的目的。

一、《論語・里仁》篇：「參乎！吾道一以貫之」

　　歷來諸家對「一」字之解，各有不同，邢昺《論語注疏》釋「一以貫之」曰：「我
所行之道，唯用一理，以統天下萬事之理。」（卷四，頁4）朱子《四書集註》亦曰：
「聖人之心渾然一理，而泛應曲當，用各不同。」（卷二，頁 72）兩者皆將「一」
視為「唯一」、「專一」之義。宋氏《論語說義》則解「一」為：

　　　乾之初爻為一，……大衍之數五十，其用四十有九，其一為乾元，所謂《易》
　　　有太極，是生兩儀者也。（卷二，頁32）

其視《易經》乾卦之初爻為「一」，再根據《繫辭傳》大衍天地之數以卜筮，將所用
的五十根蓍草，其中一根不用者視為乾元，以象太極，並以之解《論語》「一以貫之」
之「一」。另者，宋氏再援《老子》以解之：

　　　大衍之數，虛一不用，有不用者，用之以通，故《老子》曰：「三十輻共
　　　一轂，當其無有車之用，埏埴以為器，當其無有器之用，鑿戶牖以為室，
　　　故有之以為利，無之以為用。」此明虛一之義也。（卷二，頁32）

王弼注《老子》此章曰：「木、埴、壁所以成三者，而皆以無為用也。言無者，有之
所以為利，皆賴無以為用也。」﹝註29﹞「有」乃指車、器、室，「無」指轂、器、室
的中空之處，「有」之所以能利人，皆賴於「無」的作用。宋氏則將大衍之數，虛一

﹝註29﹞語見《老子》王弼注，頁11，台北：學海出版社，1984年，9月初版。

不用者，通以《老子》「無之以爲用」之義，即視《易經》之「一」爲《老子》之「無」。

宋氏《論語說義》又曰：

> 「昔之得一者，天得一以清，地得一以甯，神得一以靈，谷得一以盈，萬
> 物得一以生，王侯得一以爲天下貞。」又曰：「道生一，一生二，二生三，
> 三生萬物。」三者乾之三爻，《易》二篇之策，當萬物之數，《老子》之說，
> 通乎《易》與《論語》一以貫之，說意相發也。（卷二，頁32）

《老子》天、地、神、谷、萬物、侯王所得之「一」，王弼釋曰：「一，數之始而物之極也。」余師培林謂：「『一』是萬數之始，『道』是萬物之宗，故以萬數之始的『一』，以喻萬物之宗的『道』。」〔註30〕可知《老子》此處之「一」即指「道」而言，天、地、神、谷、萬物、侯王因得「道」故能清、能甯、能靈、能盈、能生、能貞。《老子》言：「道生一，一生二，二生三，三生萬物。」形而上之「道」以「無」爲本體，然《老子》又言：「天下萬物生於有，有生於無」則「道」亦可稱爲「無」，兩者均爲萬物之母。因此，「道生一」之「一」當爲「有」，道由生一至生萬物，實爲道之生生作用。宋氏乃將「道生三」之「三」釋爲乾卦之三爻，又據《繫辭傳》乾、坤兩策，以陽數三十六，陰數二十四，各乘以陰、陽一百九十二而加之，總得一萬一千五百二十，視爲萬物之數，並以之同於《老子》「三生萬物」之義，宋氏藉此認爲老氏之說通於《易》與《論語》，其義可相闡發，故宋氏《論語說義》再引《老子》曰：

> 「道盅，而用之又（又字當作或）不盈。」盅爲虛大衍之數五十，其用四
> 十有九爲不盈。又曰：「致虛寂，守靜篤。」致虛者一也，守靜者不用也。
> 「萬物並作，吾以觀其復。」言一一以貫之也。（卷二，頁32）

《老子》「道盅，而用之或不盈」，「盅」字《說文解字》曰：「盅，器虛也。從皿，中聲。」〔註31〕可知盅有虛之義，宋氏將「盅」解爲：「虛大衍之數五十，其用四十有九爲不盈。」解之以《繫辭傳》之說。《老子》「致虛寂，守靜篤。」，「致」與「守」爲動詞，以指心靈經修持後所達之虛靜狀況〔註32〕，宋氏亦以虛一不用解之。《老子》「萬物並作，吾以觀復」，此處之「復」當釋爲萬物活動之共同規律，然宋氏解爲「一以貫之」之義。由上述之分析可見出宋氏極力援引《易》、《老》之言以說解《論語》「一以貫之」句，並強以《易》、《老》與《論語》之說法相通。

二、《論語·子路》篇，子曰：「必也，正名乎。」

〔註30〕此處採余師培林《老子讀本》第三九章，註釋（一）之說法，頁71，台北：三民書局，1990年11月9版。

〔註31〕引見《說文解字》卷五，頁48～49，台北：漢京文化出版社，1980年3月初版。

〔註32〕同註30，第十六章，採註釋（一）之說法，頁41。

宋氏《論語說義》曰：

> 《老子》道可道非常道，名可名非常名。名亦正名之名，謂造字必合乎道，
> 道，爲道生一之道，名即爲一。一爲字之始，亥爲字之終，故有始一終亥
> 之名，而《歸藏》首坤之理出焉。（卷七，頁2）

宋氏將「必也，正名乎」之「名」釋爲文字〔註33〕，然《老子》此處之「名」爲其
特用之術語，是稱「道」之名〔註34〕，宋氏釋之以文字之名，又循許慎《說文解字》
釋「一」云：「惟初太極，道立於一，造分天地，化成萬物。」之意，以一爲文字之
始，而道生一，故造字必合於道，因之，《老子》「道可道非常道」之「道」即成了
造字之道。許慎釋「亥」云：「亥而生子，復從一起」段玉裁注云：「此言始一終亥，
亥終則復始一也。」宋氏以亥爲字之終，故認爲有始一終亥之名。而《易》坤辟亥，
故《歸藏》以坤卦爲首，宋氏由此推演出《歸藏》首坤之理。宋氏《論語說義》又
曰：

> 《歸藏》黃帝《易》而老子傳其學，故《道經》首著無名、有名之說。無
> 名者，天命之性也；有名者，脩道之教也，必有文字而教立，教立而君臣
> 父子之倫攸敍。凡傳其語言而著於竹帛者，皆聖人之教，孔子之脩六藝，
> 多聞闕疑，無不知而作，故其禮義科指可世世通行，則安可不以正名爲先
> 乎。（卷七，頁2）

宋氏以老子傳黃帝之《歸藏易》，故其著《道德經》首稱無名、有名之說。天命之性
微妙不可言，稱之以無名；然立脩道之教則需以文字，故稱之以有名。聖人之教傳
其語言著於竹帛，爲後世通行之則，故不可不謹愼於文字，即當以正名爲先務。

　　由而觀之，《論語・子路》篇「必也，正名乎」，宋氏將「名」釋爲文字，已不
同於《論語》之本意，又牽附《老子》之「名」釋以文字之義，繼而言《歸藏易》
與《老子》的傳承關係，藉由此以強化《論語》與《易》、《老》三者之間的相通處。

　　總結本章而言，宋翔鳳自幼生長於良好的讀書環境中，父親是進士，爲其經學
啓蒙師，母親爲莊述祖之妹，故宋氏乃從述祖處得聞今文家法。少時曾游於段玉裁
門下，治學從名物訓詁入手，且曾問學於張惠言，聞得家法。因之，宋氏學識淵博，
治學呈現多方面的能力與特色，並不墨守一家之門戶。

〔註33〕宋翔鳳《論語說義》引《皇疏》鄭注云：「正名謂正書字也，古者曰名，今世曰字。」
　　　又引《禮記》曰：「百名以上書於策，不及百名書於方。」鄭注：「名，書文也。」卷
　　　七，頁2。
〔註34〕採陳鼓應《老子今註今釋》之說，頁47，台北：台灣商務印書館，1986年10月修
　　　訂11版。

　　清代《公羊》學發萌於莊存與，興盛於劉逢祿，而宋氏承繼劉逢祿《論語述何》之緒，認爲《論語》二十篇含有孔子微言大義，與《春秋》之辭有相通處，故有《論語說義》之作，全力闡揚《論語》一書。

　　由於宋氏具有乾嘉漢學對名物制度的考據能力，故《論語說義》對《論語》名物的考證甚爲繁詳，並對歷來《論語》注家之誤者，有所駁辯，此乃宋氏《論語說義》同時具有乾嘉漢學及道咸今文學的特徵，亦較劉氏《論語述何》爲獨特之處。宋氏承西漢《公羊》家素王受命改制之思想，並引之以註解《論語》，又以《王制》、《周禮》典籍之傳承及思想之相異，判分今古文之別，此皆爲後世廖平的平分今古文及康有爲孔子受命改制說的先聲。

　　另者，《論語說義》除論述《公羊》通三統、張三世之說外，並將三統思想結合文質觀，以爲文質代變關乎於人心風俗及聖人因勢利導之故，雖重文質得中，然特別強調「禮」爲文質之本。又以尚禮，作爲治國之基石，且由於宋氏政教合一之思想，故主張立教興學以化民，並對科舉取士有所批評，強調當舉賢才而用之，就《論語說義》所呈現的政治思想而觀之，宋氏已將經義落實於經世致用層面。

　　宋翔鳳由於受到述祖的影響，喜談天人之際的問題，欲發明《歸藏》易學之說，因之《論語說義》除致力以《公羊》說《論語》外，亦專力於《易》學之發揮，故援引《老》、《易》以釋《論語》，欲會通《易》、《老》及《論語》三書之思想，使《論語》義理多元化，因之，由宋氏《論語說義》所呈現的撰述方式及豐富的思想內涵，可知《論語說義》乃爲一體大思精之著作，頗值得後世學者的重視。

第五章　戴望《論語注》研究

第一節　戴望及其《論語注》著作動機

壹、生平略傳

　　戴望生於道光十七年（西元 1837 年）；卒於同治十二年（西元 1873 年），字子高，浙江德清人，年幼即喪父，家甚貧仍挾書悲誦，寡母縮衣節食以供其學，故雖處於顛頓狼狽呻吟哭泣中，終不廢學，學乃隨日益進〔註1〕，其一生可謂歷盡艱難困阨，然求學之志則始終不輟，愈顯彌堅，惜其未達不惑之年便已喪歿。

　　子高爲周中孚之外甥，其學亦淵源於周氏。最初致力於考據詞章之學，年十四偶讀顏習齋之書，大好之，甚爲推崇習齋之學，曾於《顏氏學記・序》謂習齋「當舊學久湮，奮然欲追復三代教學成法，比於親見聖人，何多讓焉。」除視顏氏爲百世之師，更將顏、李之學媲美周公、孔子之道，故費多年工夫蒐羅顏、李學派之著述，終於同治八年六月輯成《顏氏學記》，梁啓超讚許此書爲「能提要鉤玄，價值不在黃書下。」〔註2〕

　　咸豐七年至蘇州授業於陳奐門下，以通知聲音訓詁經師家法，實事求是，深惡高蹈心性之學〔註3〕。其以陳奐雖宗《毛詩》而能「稽譔三家同異」，論《春秋》而

〔註1〕參考施補華〈戴君墓表〉，收入戴望《謪麐堂遺集》卷首，頁2，清宣統二年，風雨樓鉛印本。
〔註2〕梁啓超稱許《顏氏學記》「價值不在黃書下」，「黃書」乃指黃梨洲的兩個學案。《中國近三百年學術史》，頁152，台北：華正書局，1979年5月版。
〔註3〕戴望《管子校正・序》引潘祖蔭曰：「子高陳碩甫高足，實事求是，深惡空腹高心之學。」《叢書集成續編》本，台北：新文豐出版公司，1991年7月台1版。

能從《公羊》以知例，治《穀梁》以明禮〔註4〕。又從宋翔鳳授《公羊春秋》，開始致力於漢儒經說，並由是以闡「聖人之微言，七十子之大義。」〔註5〕其學遂轉入《公羊》經義之研究，以求經世致用，至此戴氏之學凡已三變。子高性不諧俗，門戶之見甚深，論學有不合者，必反覆論難〔註6〕，嘗與張星鑑論學曰：「徵諸古訓，求之微言，貫經術、政事、文章於一。」〔註7〕可見其並不排斥考據，而是欲融訓詁與微言，以貫經術、政事、文章於一，故劉師培認爲莊方耕、劉逢祿雖啓微言大義之學，然僅得漢學之一體，惟子高始能獨得《公羊》學之全，故曰：「自先生之學行，而治經之儒，得以闡六藝家法，不復以章句名物爲學，凡經義晦蝕者，皆一一發其旨趣，不可謂非先生學派啓之也。」〔註8〕推崇之義溢於言表，愈見戴氏闡發經義之功。

又戴氏生正處於清朝政治危機重重之時，李慈銘《越縵堂日記》曾於同治十一年五月十六日記載：「戴望子高湖州附學生，游宋江湖，夤緣入曾湘鄉偏裨之幕。」可知其爲曾國藩所羅致而入湘軍，以對抗太平軍，又極留心於「兵農禮樂諸務，曉然於民生利病所在。」感慨「民柄之不申，及國政之失平。」〔註9〕每謂「舜、禹有天下，咸與天下共之，未嘗以己意與其間。」〔註10〕足見其對民生之關懷；對政治之理想。

戴氏性情雖倨傲，頗持門戶之見，論學遇有不合者，必反覆辨難然後已。不妄交遊，交則必全始終，足跡不越大江以北〔註11〕，然其以短暫的一生，留下了《論語注》二十卷，蓋本劉逢祿《論語述何》、宋翔鳳《論語說義》之說，以《公羊》義闡釋《論語》之微旨。《管子校正》二十四卷，亦隨宋翔鳳《管子識誤》而作，是爲校勘之作。《顏氏學記》十卷此書之作乃戴望有感於顏、李學派之不彰，遂研讀顏、

〔註4〕參考戴望〈清故孝廉方正陳先生行狀〉，《謫麟堂遺集》卷一，頁 16～17，清宣統二年，風雨樓鉛印本。

〔註5〕語見戴望《顏氏學記・序》，《叢書集成續編》本，台北：新文豐出版公司，1991 年7 月台 1 版。

〔註6〕參考支偉成《清代樸學大師列傳》〈常州派今文經學家列傳第七〉，頁 255，台北：藝文印書館，1970 年 10 月初版。

〔註7〕語見張星鑑〈戴子高傳〉，收入繆荃孫纂錄《續碑傳集》卷七五，頁 8，台北：明文書局，1986 年 1 月初版

〔註8〕劉師培《左盦外集》〈戴望傳〉，卷十八，頁 4，見《劉申叔先生遺書》，台北：台灣大新書局，1965 年 5 月初版。

〔註9〕同註6，頁 256。

〔註10〕蔡冠洛《清代七百名人傳》，第四編〈學術〉，頁 1590，《近代中國史科叢刊》第六三冊，台北：文海出版社，1973 年 12 月初版。

〔註11〕此處採趙之謙〈謫麟堂遺集・敘目〉之言而成，收入戴望《謫麟堂遺集》，頁 2。

李之書，擇其精言以成是記，卷一至卷三記顏習齋，卷四至卷七記李恕谷，卷八記
崑繩，卷九記程綿莊，卷十則為顏、李弟子錄。另有詩、文二百餘篇，戴氏卒後，
其友人趙之謙為之輯成《謫麐堂遺集》四卷，標題不分卷，而序目有文一、文二、
詩一、詩二諸目，共錄文二十八篇，詩二百十篇，觀戴氏著述之豐，咸為當世學者
所推服。

貳、戴望《論語注》之著作動機

　　戴望乃繼劉逢祿《論語述何》、宋翔鳳《論語說義》後，以《公羊》義釋訓《論
語》者，其於《論語注・序》曾說明《論語》與《春秋》之關係，曰：

> 昔者孔子自衛反魯，始定五經，……猶以為未備，念道既不行，當留其跡
> 以紹明世，於是感麟至而作《春秋》，《春秋》之書成而夢奠作矣。弟子仲
> 弓、子游、子夏之徒共撰微言，逮至戰國七十子後學者，合記所得次為《論
> 語》。

戴氏以《春秋》之作，孔子之道始備，又以《論語》為七十子及其後學共撰而成，
乃孔子微言之所繫，故與《春秋》相近。然《論語》三學派中，《齊論》與《公羊》
學說相表裡，蓋特推重之，其言曰：

> 遭秦燔書，文武道盡，《論語》亦藏壁中。漢興，傳之者有齊、古、魯三
> 家，文字各異，而《古論》分〈堯曰〉、〈子張問〉，以下為〈從政〉篇，《齊
> 論》更多〈問王〉、〈知道〉兩篇，而河間《論語》有三十篇，其增益不可
> 考。安昌侯張禹，合齊、魯兩家為之章句，名《張侯論》，篇章與《魯論》
> 同，無〈問王〉、〈知道〉兩篇，《齊論》蓋與《公羊》家言相近，是二篇
> 者，當言素王之事，改周受命之制，與《春秋》相表裡，而為禹所去，不
> 可得見，悕已！〔註12〕

先秦典籍因經戰國的動亂與秦火的浩劫，頗多亡佚，西漢之初，遂「大收篇籍，廣
開獻書之路。」〔註13〕舊籍日漸復出，《論語》一書則因傳習地與今、古文字書體
之同異〔註14〕，而有《齊論》、《古論》、《魯論》三家之別。據《隋書・經籍志》所

〔註12〕戴望《論語注・序》，卷一，頁1，收入《謫麐堂遺集》。
〔註13〕班固《漢書・藝文志》，頁1，台北：世界書局，1979年10月4版。
〔註14〕皇侃《論語集解義疏・敘》引劉向《別錄》曰：「魯人所學謂之《魯論》；齊人所學謂
　　　　之《齊論》；合壁所得謂之《古論》。」頁4，《叢書集成初編》本，北京：中華書局，
　　　　1985年新版。蔣伯潛《十三經概論》〈論語題解〉云：「《論語》在漢時亦有今文本
　　　　與古文本，今文本有二種：魯人所傳曰《魯論》；齊人所傳曰《齊論》。」頁502，
　　　　台北：學海出版社，1985年9月初版。

言，安昌侯張禹合《齊》、《魯》兩家爲之章句，刪其繁惑，並除去《齊論》〈問王〉、〈知道〉兩篇，從《魯論》二十篇章，稱《張侯論》，爲當世所推重〔註15〕。

至於〈問王〉、〈知道〉兩篇之內容爲何？晁公武《郡齋讀書志》云：「《齊論》有〈問王〉、〈知道〉兩篇，詳其名，是必論內聖之道、外王之業。未必非夫子之最致意者，不知何說而張禹獨遺之。」〔註16〕晁公武之言，乃以〈問王〉、〈知道〉兩篇之篇名，作爲推論內容的依據，實有望文生義之嫌。另有王應麟《漢藝文志考證》曰：「愚謂〈問王〉疑即〈問玉〉也，篆文相似。」〔註17〕朱彝尊《經義考》亦言：「竊疑《齊論》所逸二篇，其一乃〈問玉〉非〈問王〉也。考之篆法，三畫正均者爲王，中畫近上者爲玉，初無大異，因訛玉爲王耳。」〔註18〕觀王氏與朱氏兩人之言，雖據「王」、「玉」篆文字形的相近而推論「問王」當爲「問玉」之訛，亦屬推測之言。

宋翔鳳《論語師法表》乃本《公羊》學家之說法，對此二篇之內容提出不同的觀點，曰：

> 〈問王〉謂《春秋》素王之事，備其問答；〈知道〉知率性之道，故能知人知天。《論語·堯曰》篇記唐、虞、夏、商、周，至子張問從政，爲孔子素王之事，其記知命、知禮、知言，皆以〈知道〉貫之。傳《齊論》者，於二十篇之後又作此二篇，以發揮其蘊，蓋出於內學。……《公羊春秋》亦出於齊人胡毋生，有孔子受命之事，《齊論》此二篇亦是秘書之流。〔註19〕

宋氏以〈問王〉篇備云《春秋》素王之事，〈知道〉篇具《春秋》之微言，以明人事、通天道，可知《論語》與《春秋》之旨相近，故傳《齊論》者乃繼〈堯曰〉篇後，作〈問王〉、〈知道〉二篇，以闡《春秋》之微言。戴望既從宋氏受《公羊春秋》，乃因宋氏對〈問王〉、〈知道〉之見而進一步說明：

> 《齊論》有〈問王〉、〈知道〉兩篇，蓋明託王之事，三代改制質文之故，以申〈堯曰〉之恉，顧其篇佚，無得而紀焉。（卷二十，頁3）

戴氏以爲〈問王〉、〈知道〉兩篇當言《春秋》託王於魯、素王受命改制等三統之微

〔註15〕此處採《隋書·經籍志》之說法，卷一，頁31，台北世界書局，1979年10月4版。

〔註16〕晁公武《郡齋讀書志》〈論語類〉，〈志一〉下，頁10，《叢書集成續編》本，台北：新文豐出版，1991年7月台1版。

〔註17〕王應麟《漢藝文志考證》，《二十五史補編》本，第二冊，頁17，台北：台灣開明書店，1967年12月台2版。

〔註18〕朱彝尊《經義考》卷二百十一，頁3，《四部備要》，台北：台灣中華書局。

〔註19〕宋翔鳳《論語師法表》頁1，收錄於《無求備齋論語集成》，台北：藝文印書館，1966年10月影印出版。

言，爲仲弓、子游、子夏等所共撰，往往具見制作之義。又以《齊論》與《公羊》家言相近，於是認爲〈問王〉、〈知道〉與《春秋》相表裡，戴氏之說乃與宋氏之意旨相呼應，亦可見其欲強化《論語》闡發《春秋》微言大義，與《公羊》思想相近的用心。

戴氏爲《論語》作注之原因與宗旨，可見於其《論語注》之序文：

> 後漢何劭公、鄭康成皆爲此經作注，而康成遺說，今猶存佚相伴。劭公爲《公羊》大師，其本當依《齊論》，必多七十子相傳大義，而孤文碎句，百不遺一，良可痛也。魏時鄭沖、何晏集包咸至王肅諸家作解，至梁皇侃附以江熙等說爲之義疏，雖舊義略具，而諸家之書則因此而亡佚矣。自後聖緒就湮，鄉壁虛造之說，不可殫究，遂使經義晦蝕，淪於異端，斯誠儒者之大恥也。望嘗發憤於此，幸生舊學昌明之後，不爲野言所奪，乃遂博稽眾家，深善劉禮部《述何》及宋先生《發微》，以爲欲求素王之業、太平之治，非宣究其說不可。顧其書皆約舉，大都不列章句，輒復因其義據，推廣未備，依篇立注，爲二十卷，皆櫽括《春秋》及五經義例，庶幾先漢齊學所遺，劭公所傳。

何劭公與鄭康成皆曾爲《論語》作注，而何劭公《論語注》於魏晉以後，或已不傳〔註20〕。鄭康成《論語注》共有十卷，《隋書‧經籍志》、《唐書‧藝文志》和《經典釋文》皆曾著錄，宋代各家書目卻多不載，此書或於五代之後就屬罕見，宋翔鳳、馬國翰均曾爲之作輯佚，故鄭康成《論語注》「今猶存佚相伴」，繼而魏時鄭沖、何晏、包咸、王肅諸家爲之作解，至皇侃附以江熙等說爲之《論語義疏》後，雖存舊義，然諸家之書亡佚，故自是而後聖人之業不傳，經義晦闇，淪爲鄉壁虛造之異端，身爲儒者的戴望有感於此，遂奮發以紹聖人之緒，欲昌明《論語》之經義，而爲之作注。

戴氏甚爲推崇劉逢祿與宋翔鳳所注之《論語》，以爲兩人之作皆能發明孔子微言大義，以闡揚「素王之業、太平之治」。然因《論語述何》、《論語說義》之作皆對《論語》作選擇性的注解，並未每一章句均加以解說，顯得較爲簡略，故戴氏除承繼劉、宋之旨外，乃推《論語述何》、《論語說義》之未備，而依《論語》每一篇章，詳細釋說，以成《論語注》二十卷，故戴氏《論語注》之體例乃較劉氏《論語述何》、宋氏《論語說義》完備。其書之內容乃櫽括《春秋》及五經義例，並守齊學之遺說，承劭公之所傳。總之，戴氏本《公羊》學注《論語》，乃源自劉逢祿《論語述何》及宋翔鳳《論語說義》，以發揮齊學之遺說，闡述素王之事、太平之業……等非常異義

可怪之論，欲使《論語》微旨復現於世，戴氏之用心不可不謂之深矣。

第二節　戴望《論語注》之異文及引文

壹、異文之出現

　　典籍流傳越久，由於所使用的傳本不同，自會產生文字相異的現象，《論語》的傳本原就很駁雜，因之，出現異文的情況也隨之增多，觀戴氏《論語注》與今本《論語》出現文字相異之處，約有百二十起，其中以異字者爲多，約占九十餘處，茲以下列三種情況說明之：

一、異文乃從本字而作

（一）、《論語·泰伯》篇：「可以託六尺之孤。」

　　戴氏「託」作「侂」，潘維成《論語古注集箋》：「託《玉篇》人部：『侂，恥各切。侂寄也。』……《經義雜記》曰：『《說文》人部：『侂』，寄也。……言部：『託』，寄也。二字音義本同，然據《玉篇》所引，則《論語》舊是『侂』字。」〔註21〕可見「託」與「侂」字均有「寄」之義，從「言」部者，是訴諸語言的咐囑，而從「人」部者，是指託寄以人之義，兩字之義仍有所分別。然從《論語》本文之意當作「侂」字較適宜，可知戴氏乃從本字而作。

（二）、《論語·子罕》篇：「歲寒，然後知松柏之後彫也。」

　　戴氏「彫」作「凋」，《經典釋文》於「後彫」下云：「依字當作凋。」〔註22〕《說文解字》言「彫」字曰：「琢文也。」乃有文飾之義，又云：「凋，半傷也。」此解較合《論語》之義，故可知「凋」乃爲本字。

（三）、《論語·季氏》篇：「友便辟，友善柔，友便佞，損矣。」

　　戴氏「便」作「諞」，然「便」與「諞」乃爲同音字，《說文解字》云：「諞，便巧言也。……《論語》曰：『友諞佞』。」可知「諞」當爲本字，「便」乃爲後世之假借字。

（四）、《論語·陽貨》篇：「孔子時其亡也，而往拜之，遇諸塗。」

　　戴氏「塗」作「涂」，阮元《論語校勘記》云：「古道塗字多作涂，從辵從土，

〔註21〕潘維成《論語古注集箋》，卷八，頁6，收錄於《皇清經解續編》本，台北：藝文印書館，1965年10月初版。

〔註22〕陸德明《經典釋文·論語音義》，卷二四，頁1378，《叢書集成初編》本，北京，1985年新一版。

皆後出字。」可知戴氏作「涂」乃從本字。

二、異文乃從假借字而作

（一）、《論語‧述而》篇：「子之所慎齋、戰、疾。」

　　戴氏「齋」作「齊」，《經典釋文》於「齊」字云：「本或作齋同。」阮元《論語校勘記》以「古多假齊爲齋。」可知「齊」爲「齋」之假借字，且由《論語》文義而言當作「齋」之義，較爲妥切，戴氏作「齊」當爲「齋」之假借字。

（二）、《論語‧述而》篇：「用之則行，舍之則藏。」

　　戴氏「藏」作「臧」，陳舜政《論語異文集釋》云：「漢隸之中，有時用『臧』來假借『藏』。」〔註23〕故知戴氏作「臧」當爲「藏」之假借字。

三、異文乃為訛字

（一）、《論語‧泰伯》篇：「故舊不遺則民不偷。」

　　戴氏「偷」作「愉」，何晏《論語集解》引包咸注云：「偷，薄也。」而戴氏《論語注》解「愉」字亦云：「薄也。」（卷八，頁1）然將「愉」解爲薄義，甚爲扞格，恐爲一訛字。

　　由上述諸例，可見戴氏《論語注》與今本《論語》出現異文的情形，以從本字而作者爲多，從假借字或訛字者甚少，由此可推戴氏多採古時《論語》舊本而作。

貳、引文多未標明出處

　　戴氏《論語注》之作雖稱三易其稿而成，然觀其注中凡徵引他家之說者，除見《傳》曰、《董子》曰、《禮記》曰、《孝經》曰外，尚有引用他說，而未註明資料之出處者，此一現象見諸戴氏《論語注》中甚多。

一、引劉逢祿《論語述何》者

（一）、《論語‧述而》篇：「文莫吾猶人也，躬行君子，則吾未之有得。」

　　劉氏《論語述何》曰：「夫子書六經，皆以古文，不依史籒所造，故不猶人也。」（卷一，頁13）

　　戴氏《論語注》云：

　　　　文，文字也。夫子書六經，皆以古文，不依史籒所造，故不猶人也。（卷七，頁5）

戴氏《論語注》於此章之注文，僅於「夫子書六經」句之前增「文，文字也。」四

〔註23〕引見陳舜政《論語異文集釋》，頁104，台北：嘉新水泥公司文化基金會，1968年10月初版。

字，其餘則同於劉氏《論語述何》之文。

（二）、《論語·季氏》篇：「天下有道則政不在大夫；天下有道則庶人不議。」

劉氏《論語述何》曰：「議謂《春秋》上譏王公卿大夫也。政在大夫故刺翬帥師仲遂，遂如晉，季孫宿，遂入運。新城之盟，信在趙盾；溴梁之盟，信在大夫。周尹氏立王子朝，齊崔氏弒其君光，疾其末，故正其本，撥亂之旨也。」（卷二，頁7）

戴氏《論語注》云：

> 議謂《春秋》上譏王公卿大夫也。政在大夫故刺翬帥師仲遂，遂如晉，季孫宿，遂入運。新城之盟，信在趙盾；溴梁之盟，信在大夫。周尹氏立王子朝，齊崔氏弒其君光，疾其末，故正其本，撥亂之志也。（卷十六，頁2）

戴氏於《論語》此章之注文，僅將劉氏《論語述何》最後之「旨」字改為「志」字，其餘皆全錄劉氏《論語述何》之注文而成。

二、引宋翔鳳《論語說義》者

（一）、《論語·八佾》篇：「嗚呼！曾謂泰山不如林放乎。」

宋氏《論語說義》曰：「曾，猶乃也。乃謂泰山之神，不如林放知禮之有本，而順季氏奢僭之意，為升中於天乎。」（卷二，頁6）

戴氏《論語注》云：

> 曾，猶乃也。乃謂泰山之神，不如林放知禮之有本，而順季氏奢僭之意，為升中於天乎。（卷二，頁6）

戴氏對《論語》此句之注文，則完全抄錄宋氏《論語說義》之注文而來。

三、引其他《論語》注家之說者

戴氏《論語注》除引錄《論語述何》、《論語說義》之文外，另引有其他《論語注》家之說，江翰《續修四庫提要》即指出此一現象，曰：

> 管氏有三歸，歸讀饋，三饋三牲，饋祭也，則見包慎言《溫故錄》。自牖執其手，為切脈也，則見江聲《論語俟質》。浴乎沂，風乎舞雩，詠而饋，謂魯設雩祭於沂水之上，浴乎沂，陟乎水也，⋯⋯則錄王充《論衡·明雩》篇，而本於宋翔鳳。宰我問三年之喪，謂魯先君無行三年之喪，宰我心非之，故發問以明義，⋯⋯則用皇侃《義疏》繆播說。〔註24〕

由上舉諸例而觀之，戴氏《論語注》襲錄之跡顯鑿可見。雖然由戴氏所抄錄劉逢祿《論語述何》、宋氏《論語說義》之說，可證明其《論語注》乃淵源於劉、宋二人，

〔註24〕語見江翰所撰《戴氏論語注》提要，《續修四庫全書提要》〈經部〉頁1221，台北：藝文印書館，1971年1月初版。

然戴氏直接引用此二書之說，始終未言明其出處，另又剽襲前人著作甚多，亦未標明資料之來源，實有剽竊之嫌，此乃爲戴氏撰注之瑕疵。

第三節　戴望《論語注》之三科九旨思想

戴望既受業於宋翔鳳學《公羊春秋》，其治學即以《公羊》名家，亦屬常州《公羊》學派之學者，承繼了《公羊》思想，而視《春秋》之作爲「稱天受命，假魯以寓王法，備五始、三科九旨、七等、六輔、二類之義。」又認爲《論語》與《春秋》微言大義相近，故所著之《論語注》自不免發揮《公羊》思想，而三科九旨乃爲《公羊》學主要中心，故首先論之。

壹、通三統思想

一、兼三王之禮，以治百世

戴望於《論語・爲政》篇，「殷因於夏禮，所損益可知也。周因於殷禮，所損益可知也。」下注云：

> 此明通三統之義，故舉夏、殷、周而不及虞，《春秋》於三正皆書王是也，
> 所因若君南面，臣北面，皮弁素積，所損益若正朔三而改，文質再而變。
> （卷二，頁4）

戴氏《論語注》將三代典章制度之因革、損益之理，釋爲通三統之義，故稱舉夏、殷、周三代而不及虞，知其損益之道爲「正朔三而改，質文再變」，而關於三統內容的說明，戴氏則依據董仲舒《春秋繁露・三代改制質文》篇所言並未另加說明。又於「其或繼周者，雖百世可知也。」下注：

> 三王之道若循連環，周則復始，窮則反本，故雖百世可知也。孔子成《春
> 秋》絀夏、存周，以《春秋》當新王，損周之文，益夏之忠，變周之文，
> 從殷之質，兼三王之禮，以治百世。（卷二，頁5）

《論語》言三代制度損益之理既可知，故繼周而後雖百世亦爲可知。戴氏則以《春秋》三王之道循環不已，雖歷百世皆可知之，《春秋》成三統之義例，文質相代而損益之，兼及「三王之禮」，可知通三統文質的反復相代，必兼三王之禮以垂治百世，故有王者起當取法《春秋》三統之義。

二、以文章賢才，存二王後之典制

戴望於《論語・八佾》篇，「夏禮，吾能言之，杞不足徵也；殷禮，吾能言之，

宋不足徵也。」下注：

> 吾能言夏、殷禮，顧之杞、宋之國不足與成其事。《坤乾》之義，《夏時》
> 之等，觀之而已。（卷三，頁3）

戴氏以爲欲言夏、商二代之禮制，雖至杞、宋求得《夏時》、《坤乾》之義，仍然無法成其事，究其原因在於「文章賢才」的不足，戴望於「文獻不足故也，足，則吾能徵之矣。」下注曰：

> 吾不能以禮成之者，以其不足於文章賢才，足則吾能成之。如使子夏等適周，求百二十國寶書，以爲《春秋》也。王者存二王之後，杞、宋於周皆得郊天，以天子禮樂祭其始祖，受命之王，自行其正朔、服色，備其典章文物。周衰，杞爲徐莒所脅而變於夷，宋三世內娶皆非其國之故，又無賢者爲之講求典禮，故孔子傷之。（卷三，頁3）

《春秋》之作，爲游夏之徒適周求得百二十國寶書，由於文獻充足，故能成其典制。以《春秋》通三統之義，新王當存二王之後，杞、宋於周，原能自存其典章文物，然由於隱公四年，莒人伐杞取牟婁〔註25〕，杞爲莒所脅而變於夷。又《公羊傳》僖公二十五年，記載宋三世無大夫，乃因三世內娶之故，何休《公羊解詁》云：「禮不臣妻之父母，國內皆臣，無娶道，故絕去大夫名，正其義也，……宋以內娶，故公族以弱，妃黨益強，威權下流，政分三門。」（卷十二，頁5）以見杞、宋禮制，因之敗壞，文獻即隨之不傳，且又無賢者講述其典禮，故在文獻與賢才皆不足的情況下，自然無法成就二代之禮。戴氏之意乃強調文章賢才的充足與否，對於《春秋》通三統，存二王之後的典制，有重大的相關性。

貳、文質觀

一、知禮之本，以通文質之變

因世運之興亡替代，文質亦隨之而再變，觀乎一文一質的交替，戴望於《論語·八佾》篇，「大哉問！」句下注：

> 知禮之本則能通文質之變，以救世運，故大其問。（卷三，頁1）

戴氏提出欲通文質之變的主要條件在於「知禮之本」，因王者起必有所改制，故禮有文家、質家之別〔註26〕，然兩者皆爲救其敝而生，又於「禮與其奢也，寧儉。喪與

〔註25〕莒人伐杞之事，見《公羊傳》隱公四年，卷二，頁12，《十三經注疏》本，台北：藝文印書館，1989年1月11版。

〔註26〕此處採戴望《論語注》：「禮所以有質家、文家者，爲王者起有所改制。」之意而成，卷六，頁3。

其易也，寧戚。」下注：

> 此皆以救文家之敝，禮謂執幣也，奢勝也。……禮三年之喪再期，文公亂
> 聖人制，欲服喪三十六月，又不能久，而以三年之內圖婚，《春秋》貶必
> 於重者，故書納幣，以爲有人心焉者，則宜於此焉變矣。（卷三，頁1）

戴氏認爲禮質家之「儉與戚」可治文家「奢易」之敝，據《公羊傳》文公二年所載：
「公子遂如齊納幣。納幣不書，此何以書？譏。何譏爾？譏喪娶也。娶在三年之外，
則何譏乎喪娶？三年之內不圖婚。」（卷十三，頁7）以文公因不知禮之本，而不通
文質之變，致使聖人之制亂矣，故戴氏以能知禮之本，則可通文質之變，而救世運
於既頹。

二、文質相代，以救其敝

　　戴氏於《論語・子罕》篇，「逝者如斯，夫不舍晝夜。」句下注曰：

> 正朔三而改，文質再而復，物類相招，勢數相生，消長之故如循環矣。（卷
> 九，頁4）

戴氏將王者通三統，正朔三而改，質文隨之再復，視如物類相招，勢數相生，然文
質的消長替代若循環，其相代之序，乃先質而後文〔註27〕。又於《論語・八佾》篇，
「周監於二世，郁郁乎文哉，吾從周。」下注：

> 王者必通三統，昔周公致太平，成文王之德，制禮視夏、殷而損益之，使
> 去質救文。夫子因文王、周公之法度而作《春秋》，亦兼取夏、殷，損益
> 其禮，使改文從質。（卷三，頁3）

文質相代之序，既先質後文，故周公制禮乃損益夏、殷，使之去質之敝而救之以文，
而後孔子作《春秋》除承文王、周公之法度，亦兼取夏、殷之禮而損益之，且《春
秋》改制質文多循殷禮〔註28〕，故改周之文以從殷之質。

三、文質得中，以成仁道

　　戴氏於《論語・顏淵》篇，「文猶質也，質猶文也，虎豹之鞟，猶犬羊之鞟。」
下注曰：

> 《春秋》救周之文，從殷之質，三王之道相循環，非廢文也。（卷十二，
> 頁2）。

《春秋》爲救周文之弊，故從殷之質，然三王之道相循環，文質之相代，僅爲救其

〔註27〕戴望《論語注》舉董子言禮樂之義，而稱「志爲質，物爲文，《春秋》之序道也，先質
　　　而後文，右志而左物。」卷十七，頁4。
〔註28〕戴望《論語注》：「《春秋》改制質文多循用殷禮，故曰：『其文則史，其義則丘竊取之
　　　矣。』」卷七，頁1。

敝而已，非謂廢文取質。又於《論語·雍也》篇，「文質彬彬然後君子。」句下注曰：

> 君子貴文質得中，……禮所以有質家、文家者，爲王者起有所改制，順天
> 地之道，天道本下親親而質省；地道敬上尊尊而文煩。故王者始起先本天
> 道以治天下，質而親親及其衰敝，其失也親親而不尊，故後王起法地道以
> 治天下，文而尊尊及其衰弊，其失也尊尊而不親，故復反之於質，三王之
> 道若循環，非有所舉有所遺也。（卷六，頁3）

戴氏以爲文質相代，既爲補其敝，而非廢文，故提出「文質得中」之論，此論乃從
劉逢祿、宋翔鳳對文質的觀念而來〔註29〕。進而以爲王者之治當順天地之道，故王
者起當先本天道以治天下，然天道本下主親而質省，及其衰弊則失之不尊；然後王
爲救先王質省之敝，故以地道治天下，地道敬上主尊而文煩，及其衰弊則失之不親，
故又返於質，由此而知，文質復代即如三王之道循環之理。對於三代文質的關係，
戴氏《論語注》曰：

> 夏教尚忠而文，文家尊尊，尊尊之過流而爲史，殷救之以質，質家親親，
> 親親之過流而爲野，周復救之以文，然而原其始制，主質者有文，主文者
> 有質，三代之初，皆彬彬君子也，《春秋》救周之敝，將變周文以從殷質
> 而馴致乎。（卷六，頁3）

夏主文尚尊，其失也史，故殷救夏之文以質，又殷主質尚親，其失也野，故周救殷
之質以文。追溯王者始制之義，當是質中有文，文中有質，文質相容，三代之際，
皆彬彬君子，可知文質貴能相兼得中，始可成君子之道。因此，戴氏於《論語·子
路》篇，「剛、毅、木、訥近仁。」句下注曰：

> 剛毅謂彊而能斷，木樸誠貌，訥吶於言，四者行之質，若加文則成仁矣，
> 故近仁。（卷十三，頁5）

皇侃《論語義疏》論剛、毅、木、訥曰：「剛者性無求欲，仁者靜，故剛者近仁也。
毅者性果敢，仁者必有勇，周窮濟急，殺身成仁，故毅者近仁也。木者質樸，仁者
不尚華飾，故木者近仁也。訥者言語遲鈍，仁者慎言，故訥者近仁也。」〔註30〕由
是言知此四者乃近仁者之性，然未可謂爲仁，戴望既主君子之道貴文質得中，故稱
剛、毅、木、訥四者爲行之質，僅近乎仁而已，如欲成仁則需加文，使文質兼備，
以成君子之道，即爲仁矣。

〔註29〕參見本論文第二章，第二節有關劉逢祿《論語述何》援引「文質相代」之義闡發《論
語》舉隅，及第三章第四節宋翔鳳《論語說義》的文質觀部份，即可見戴望「文質
得中」之論乃承二者而來。

〔註30〕同註22，卷七，頁188。

參、張三世之思想

一、論《春秋》三世之書法

戴氏釋《論語・爲政》篇,「多聞闕疑」句曰:

> 多聞謂所傳聞世,所聞世也。《春秋》於所傳聞、所聞闕疑,皆據列國史
> 文,如陳侯鮑卒以二日,夏五無月,郭公繫曹下皆是也。……立乎哀、定
> 以指隱、桓之際,遠矣。夏五傳疑也。(卷二,頁3)

戴氏以《論語》「多聞闕疑」乃指《公羊》所傳聞世,所聞世之事已闕疑,據《公羊傳》桓公十四年所載:「夏五,鄭伯使其弟與來盟,夏五者何?無聞焉。」(卷五,頁13)書「夏五」而不書月與《公羊傳》文例異常,又《公羊傳》莊公二十四年記載:「赤歸於曹郭公。赤者何?曹無赤者,蓋郭公也。郭公者何?失地之君也。」(卷八,頁12)郭公非曹人而繫曹下,此皆傳疑之故。因之,戴氏《論語注》認爲《春秋》之作立乎哀、定而遠指隱、桓之時,雖「兼采列國史文,取足張法以加王心。」(卷七,頁4)然因年代久遠,史料闕疑,故所傳聞世、所聞世,自不免闕疑而有郭公、夏五之事,此乃《春秋》信則傳信;疑則傳疑之書法。戴氏又以所見世釋《論語》「多見闕殆」其注曰:

> 多見爲所見世也,殆危也。於所見世,凡有君大夫過惡,不敢直陳而託諸
> 微辭以遠危害。如定無正月,戊辰公即位及立煬宮不日之類,皆是也。(卷
> 二,頁3)

《春秋》於所見世多危殆,《公羊傳》定公元年曰:「元年春王。定何以無正月?正月者,正即位也,……定、哀多微辭,主人習其讀而問其傳,則未知己之有罪焉。」(卷二五,頁1)定公因不務公室喪失國寶,故《公羊傳》僅書「王」而不書「正月」,哀公有黃池之會獲麟,然因所見世多微辭,故雖習其經而讀之,問其傳解詁,則不知己之有罪。《公羊傳》定公元年又載曰:「立煬宮,煬宮者何?煬公之宮也,立者何?立者不宜立也,立煬宮,非禮也。」(卷二五,頁6)《公羊傳》於立煬宮不書日,而何休《公羊解詁》於「立煬宮非禮也」下云:「不日嫌得禮,故復問立也,不日者所見之世諱深,使若比武宮惡愈,故不日。」(卷二八,頁4)可知《春秋》於所見之世,僅識其行事而已,故戴氏以爲此乃君大夫雖有過惡,不敢直陳,而託諸微辭乃爲避害容身之故。

二、三世之演進,同於仁者行仁之道

戴氏於《論語・雍也》篇,「夫仁者,己欲立而立人,己欲達而達人,能近取譬,可謂仁之方也已。」釋曰:

仁者以己之欲，通天下人之欲，立定達通也，欲定人之生謂制田里廬宅以富之，欲通人之道，爲設庠序學校以教之，皆近取諸身而喻之於人，行仁之道務此而已。方猶道也。《春秋》有張三世之法，於所傳聞世治起衰亂，錄內略外；於所聞世治升平，內諸夏外夷狄；於所見世治太平，天下遠近，小大若一，皆由能近取譬，橫而充之。（卷六，頁6）

戴氏認爲仁者的以己之欲，通天下人之欲，以己之身推之於他人之身，制田里廬宅、設庠序學校，以立定通達人之欲，皆近取己身而喻之於人，使人己不分，此乃行仁之道。而《春秋》張三世之法，則由所傳聞世之錄內略外，進至所聞世之內諸夏外夷狄，最後達於所見世，天下則不復有遠近、大小、內外之別，故戴氏據《論語》「能近取譬」之義，而將《春秋》張三世之推進，視同於仁者推己及人的行仁之道。

三、三世之推進，以見新王撥亂反正

戴望於《論語・子路》篇，「如有王者，必世而後仁。」句下釋曰：

聖人受命而王，必父子繼世而後仁道成，周自文王改元，武王誅紂，至周公攝政，乃致太平。故曰文王似元年，武王似春，周公似正月，《春秋》於所傳聞世箸治始起；於所聞世治棻，棻進升平，於所見世治太平，見新王反正之漸也。（卷十三，頁3）

戴氏以聖人受天命而王，必父子相繼而後仁道成，故周自文王經武王至周公，始致太平，此政治之推進同於《春秋》三世進化之道。《春秋》至定、哀之世，魯國雖日益衰微，然「《春秋》之化益廣世愈亂，而《春秋》之文益治。」〔註31〕因之，《春秋》由所傳聞世至所見世，見新王之興，政治亦由箸治衰亂起至致治太平，演進之跡顯著，故戴氏以爲三世之推進，乃因於新王漸進反正的緣故。

四、致太平以孝弟爲本

戴望於《論語・學而》篇，「孝弟也者，其爲人之本與。」釋曰：

王者欲致太平、成仁道，由孝弟始，故仁者人也。親親爲大，自天子達於庶人，莫不有尊尊、親親，是以王者天大祖諸侯，不敢壞大夫，士有常宗，皆所以重本，本不立者末必倚，始不勝者終必衰。（卷一，頁1）

對於致太平、成仁道，戴氏以爲當以孝弟爲始，孝弟對宗法血緣而言爲親親，對封建制度而言則爲尊尊，故孝弟爲親親、尊尊之本，自天子達至庶人，莫不以本爲重，此即王者成仁道致太平之要。除孝弟之外，戴氏認爲還需有聖王在位，因聖王之治能使「政教平，仁愛洽」，使民生者不怨，死者不恨，以達純太平之世。

〔註31〕引見戴望《論語注》卷五，頁2。

肆、異內外之思想

一、論《春秋》內外異辭之書法

　　自周室東遷後，其禮樂制度乃由魯國保存，故《公羊》家以魯爲國治之代表，因之，於書法上有別於諸夏與夷狄，以魯爲內則諸夏爲外；以諸夏爲內則夷狄爲外，戴望《論語注》亦秉《公羊》學之意，以論《春秋》內外異辭之書法。

　　《論語・衛靈公》篇，「躬自厚而薄責於人，則遠怨矣。」戴氏《論語注》曰：

　　　責己厚，責人薄，則遠於怨咎。《春秋》詳內小惡，略外小惡以此。（卷十
　　　五，頁3）

《公羊傳》於內外之分別，常因親疏、遠近而書法相異，其於隱公十年說得明白：「《春秋》錄內而略外，於外大惡書，小惡不書。於內大惡諱，小惡書。」（卷三，頁15）可知《春秋》內外異辭，實基於詳內略外的原則。戴氏本諸《春秋》先自正而後正人之思想，故詳內小惡，略外小惡，以言躬自厚薄責於人之道。

　　《春秋》既詳內小惡，於大惡則諱之，戴氏於《論語・八佾》篇，「是可忍也，孰不可忍也。」下注曰：

　　　魯祭周公廟得用王者禮樂，其後僭於群廟，而季氏因之，是不可忍，忍能
　　　也。《春秋》於莊公之篇，備書丹桓宮楹刻桷以示譏，而八佾無文，箸其
　　　小惡諱其大惡。（卷三，頁1）

周公因有功勳於天下，得受用王者之禮樂，而魯大夫季氏，以陪臣僭用天子禮樂舞於家廟之事，僭禮越分，雖爲大惡，《春秋》諱而不書。然《公羊傳》分別於莊公二十三年記載：「秋，丹桓宮楹。何以書？譏。何譏爾？丹桓宮楹，非禮也。」（卷八，頁8）於莊公二十四年記載：「春王三月，刻桓宮桷。何以書？譏。何譏爾？刻桓宮桷，非禮也。」（卷八，頁9）古代宗廟天子、諸侯各有定制，莊公「丹桓宮楹」、「刻桓宮桷」，有違禮制故譏之，其惡雖小，《春秋》仍書之。戴氏論此二事以言《春秋》於內箸其小惡，諱其大惡之書法。王者欲正天下，當若何？戴望於《論語・顏淵》篇，「政者正也，子帥而正，孰敢不正。」下注曰：

　　　執政者正則外內莫敢不正，《春秋》先正京師後正諸夏乃正夷狄，自近者
　　　始以漸治之。（卷十二，頁4）

戴氏以《公羊傳》成公十五年：「《春秋》內其國而外諸夏，內諸夏而外夷狄，……，自近者始也。」之義，認爲執政者當辨內外，先自正其國爲首要，其國正而後正諸夏，諸夏正而後正夷狄，大抵而言，《春秋》以治國當先自正始，而後依內外遠近而治之，則天下莫敢不正。

二、禮義為夷夏之辨

戴氏於《論語·八佾》篇，「夷狄之有君，不如諸夏之亡也。」下注曰：

> 夷狄無禮義，雖有君不及中國之無君，明不當棄夏即夷也。《春秋》之法，諸侯為夷狄行，則以州舉，夷為暴，中國則貶絕不稱人。戎伐凡伯于楚丘，則大天子之使，而不言執。……黃池之會，吳主中國，則書公會晉侯及吳子若兩伯。然皆以內中國而外夷狄，不與無禮義者制治有禮義。（卷三，頁 1）

《公羊》傳以華夷最大的分野乃在於「禮義」之有無，《公羊傳》莊公十年曰：「州不若國，國不若氏，氏不若人，人不若名，名不若字，字不若子。」（卷七，頁 10）此七等之稱謂有尊卑之別，以爵稱為最尊，而稱州名為最卑。《公羊傳》隱公七年記載：

> 冬，天王使凡伯來聘，戎伐凡伯于楚丘以歸。凡伯者何？天子之大夫也。此聘也，其言伐之何？執之也。執之則其言伐之何？大之也。曷為大之？不與夷狄之執中國也。（卷三，頁 10）

天子使凡伯來聘魯，戎襲而俘之，《公羊傳》不書「執」，而謂之「伐」乃為尊大凡伯之義，以明示夷狄執中國之罪。又《公羊傳》哀公十三年曰：

> 公會晉侯及吳子于黃池，吳何以稱子？吳主會也。吳主會則曷為先言晉侯？不與夷狄之主中國也。其言及吳子何？會兩伯之辭也。不與夷狄之主中國，則曷為以會兩伯之辭言之？重吳也。曷為重吳？吳在是則天下諸侯莫敢不至也。（卷二八，頁 4～5）

黃池之會，吳為盟主，天下諸侯莫敢不至，《公羊傳》書「吳子」以言事實，然《春秋》嚴明夷夏之防，故序晉於吳上，成為由晉主會之文，以發明「不與夷狄之主中國」之義，以闡釋華夷相對待，仍應以中國居上為主，夷狄居夏為從。由上述之例，均為《春秋》明內外之辨，嚴夷夏之防，內中國而外夷狄，不與無禮義者治有禮義者。夷夏既以禮義為辨，可知夷狄亦可因有禮義而漸進為華夏，見《論語·子罕》篇，子曰：「君子居之，何陋之有？」戴氏《論語注》曰：

> 陋者無禮義也，禮義由賢者出，有箕子居而化之，夷變於夏矣，何為陋乎？君子，箕子。（卷九，頁 3）

《論語》此章言雖為九夷之地，然經君子以文化質，遂可漸進於華夏，此為教化之功。《春秋》華夷之辨雖嚴，並非全然不可移易，故夷狄有進至華夏，華夏有退至夷狄的可能。《後漢書·東夷列傳》曰：「昔箕子違衰殷之運，避地朝鮮。始其國俗未有聞也，即施八條之約，使人知禁，遂乃邑無淫盜，門不夜扃。」〔註32〕戴氏以為

〔註32〕《後漢書·東夷列傳》卷一一五，頁 11，《四部備要》，台北：台灣中華書局。

陋者乃因無禮義之故，然箕子爲賢者居夷地，而以禮義教化夷地，故能變夷爲夏，戴望於《論語‧述而》篇，「與其進也，不與其退也，唯何甚。」下注曰：「《春秋》列國近乎禮義者與之，退則因而貶之。」（卷七，頁5）可知戴望乃循《春秋》之義以禮義做爲夷狄進退的標準，夷狄若以禮義進於中國，則可泯除內外之界，以達遠近、大小、內外若一，而天下即至太平，此觀點對身處於內憂外患時代中的戴望而言，當具有重要的政治意義。

第四節　戴望《論語注》之經權思想

所謂「經」者，有恆常不可變異之義，故相對於「經」的「權」便有隨時更化，以茲應變之義。《公羊傳》桓公十一年云：「權者何？權者反於經，然後有善者也。」董仲舒《春秋繁露‧玉英》篇，亦曰：「夫權雖反經，亦必在可以然之域，故雖死亡終弗爲也。……，權，譎也，尚歸之以奉鉅經耳。」〔註33〕兩者雖未對「經」與「權」分別做明確的定義，然皆以「權」有反經而善之意，經、權雖不同，卻不相反，而變通之「權」實本於恆常之「經」。

《公羊傳》對於桓公之專封，爲嚴明經旨，分別於僖公元年、僖公二年、僖公十四年出現「實與文不與」的論說形式。所謂「實與」者，概言之乃爲因應當時的政治環境，所不得不行使之「權」，而「文不與」者，係指爲維繫人倫綱紀，以定名別分，所必須制定之「經」。經權思想爲《公羊》家重要的學說之一，劉逢祿《論語述何》僅引《公羊傳》：「權者，反乎經，然後有善者也。」（卷一，頁15）並未對經權多作說明，宋翔鳳《論語說義》則未曾論及經權問題，至戴望《論語注》乃較爲明顯的對此問題加以論述，故本節即綜合戴氏《論語注》中所提有關經權之觀念，作爲探究其經權思想的依據。

壹、權反經而合道

戴氏於《論語‧子罕》篇，「可與立，未可與權。」下注：

> 權者因時制宜，權量輕重，無常形勢，能令醜反善，合於宜適。《春秋傳》
> 曰：「權者反乎經，然後有善者也，行權有道，自貶損以行權，不害人以
> 行權，殺人以自生，亡人以自存，君子不爲也。」（卷九，頁5）

〔註33〕引見董仲舒《春秋繁露》〈玉英〉篇，卷三，頁4，《四部叢刊》本，上海書店印行，據商務印書館1926年版重印。凡下文所引《春秋繁露》者，出處同此，故僅標明其卷數、頁數。

戴氏解釋「權」爲「因時制宜」故形勢無常,「能令醜反善」故能合時宜。可見戴氏
對於「權」之特質、精神,較《公羊傳》所言:「權者反乎經,然後有善者也。」來
得清楚、明確,更能掌握「權」的特性。又「唐棣之華,偏其反而,豈不爾思,室
是遠而。」何晏《論語集解》云:

> 賦此詩者,以言權道反而後至於大順,思其人而不得見者,其室遠也。以
> 言思權而不得見者,其道遠也。(卷九,頁 10)

戴氏《論語注》亦曰:

> 唐棣栘也,其華先開後合,偏與常華反,賦此詩者,以言權道反經,而後
> 至於太順,思其人而不得見,其室遠也。以言思行權,而不得行,其道遠
> 也。(卷九,頁 5)

戴氏以逸詩唐棣之華先開後合,不同於一般樹華先合後開之性,比喻經道行之有次,
權道之用則反經行之,後至於太順。人雖思行權,然因權道高遠,故無法行之。戴
氏之意乃同於何晏《論語集解》所言,兩者皆先說明經與權的關係,並因權反於日
常之經,故以權道爲高遠,以示行權之不易。最後戴氏乃提出行權之準則,以解決
行權之道高遠的困難,其於「未之思也,夫何遠之有。」下注曰:

> 言此未思反經之故耳,反經所以合道,權進於立矣,循是思之,何遠之有?
> (卷九,頁 5)

何晏《論語集解》以爲權當可知,唯須思其反、思之有次,故言「思以知權」。〔註
34〕戴氏仍以「權之反經」爲立論之主軸,且經爲常道,故認爲權雖反經,然必以「合
道」爲要,此處之道當指「經」而言,可知行權當須遵循經之道,如此權才得以立,
由是而思之則行權之道近矣。戴氏於此提出「反經所以合道」即爲「行權以奉經」
之義,此爲《公羊》學經權說的主要思想,戴望於《論語‧子張》篇,子夏曰:「大
德不踰閑,小德出入可也。」注中說得更明白,其言曰:

> 閑,法也、正也。出謂用權,入謂奉經,小德雖有出入,要歸於正,故曰:
> 「可也」。(卷十九,頁 2)

戴氏之說頗同於董仲舒《春秋繁露‧玉英》篇所言:「諸侯在不可以然之域者,謂之
大德。大德無踰閑者,謂正經。諸侯在可以然之域者,謂之小德,小德出入可也。
權,譎也,尚歸之以奉鉅經耳。」(卷三,頁 4)大德不踰正爲經,小德雖可用權,
然終需歸正,以奉經合道。

〔註34〕何晏《論語集解》云:「夫思者當思其反,反是不思所以爲遠,能思其反,何遠之有?
言權可知,唯不知思耳,思之有次序,斯可知矣。」卷九,頁 10,《十三經注疏》
本,台北:藝文印書館,1989 年 1 月 11 版。

貳、譎以行權，正以守經

戴望於《論語・憲問》篇，子曰：「晉文公譎而不正」下注：

> 譎，權也。正，經也。晉文能行權，不能守經，《春秋》於踐土之盟，書
>
> 癸丑日，又言天王狩于河陽，皆明其以權道致君臣。（卷十四，頁3）

《公羊傳》於僖公二十八年五月癸丑「盟於踐土」言：「公朝于王所，曷為不言公如京師？天子在是也。天子在是，則曷為不言天子在是？不與致天子也。」何休《公羊解詁》曰：「時晉文公年老，恐霸功不成，故上白天子曰：『諸侯不可卒致，願王居踐土。』下謂諸侯曰：『天子在是，不可不朝。』迫使正君臣，明王法。雖非正，起時可與，故書朝，因正其義。」（卷十二，頁12）同年冬《公羊傳》又書：「天王狩于河陽。狩不書，此何以書？不與再致天子也。」何休《公羊解詁》曰：「一失禮尚愈，再失禮重，故深正其義，使若天子自狩非致也。」（卷十二，頁14）此皆晉文公用權道以正君臣、明王法，實非禮之正，雖見其譎而不見其正，故戴氏言晉文能行權，而不能守經。又「齊桓公正而不譎」戴望《論語注》曰：

> 齊桓能守經不能行權，《春秋》於桓盟不日，而於侵蔡書月，以善義兵，
>
> 不土其地，不分其民，明正也。（卷十四，頁3）

《公羊傳》莊公十三年曰：「桓之盟不日。」徐彥疏曰：「桓公諸會皆如是也，以不日為信者，《公羊》之例，不信者日故也。」（卷七，頁15）又《公羊傳》僖公四年曰：「春王正月，公會齊侯、宋公、陳侯、衛侯、鄭伯、許男、曹伯侵蔡。」何休《公羊解詁》言：「月者，善義兵也。」（卷十，頁12）齊桓之盟於《春秋》皆不書日，以為信故，而於侵蔡書月，乃善義兵之故，此皆明其行之正，乃見其正而不見其譎，故戴氏言齊桓能守經，而不能行權。

戴氏將「譎」、「正」釋為「權」、「經」，相異於《論語》諸注家之解〔註35〕而同於董仲舒所言：「權，譎也。」，可知戴氏乃從《公羊》家之說，並依據《公羊傳》對齊桓、晉文兩人事蹟之記載，藉以說明「譎以行權」、「正以守經」之義。

參、經權並濟

戴氏既認為權雖反經而必奉經，故奉經與行權當不相背，其於《論語・子路》篇，「言必信，行必果，硜硜然小人哉，抑亦可以為次矣。」下注曰：

> 必信必果，一節之士而不能行權，故目為小人，抑較之同流合汙之徒亦可
>
> 為士之次。（卷十三，頁4）

〔註35〕何晏《論語集解》引鄭注曰：「譎，詐也。」皇侃《論語義疏》曰：「譎，詭詐也。」
　　　　朱熹《四書集註》曰：「譎，詭也。」

《論語》此章爲夫子論古今士品之高下。戴氏視言必合乎信，行必期諸成者爲一節之士，是爲不能行權的小人，僅爲士之次。雖未言明何以得稱之爲士，然由以推知，其當以守經並能行權而後方可稱士。對於王者設教治國，戴氏亦以經權雙運論之，《論語・泰伯》篇，子曰：「民可使由之，不可使知之。」戴氏《論語注》云：

> 民之言冥，其見人道遠。由，從也。王者設教，皆於經隱權，故可使民從，
> 不可使民知。《老子》曰：「國之利器，不可示人。」（卷八，頁2）

《後漢書・方術傳》注引鄭注：「由，從也。言王者設教，務使人從之。若皆知其本末，則愚者或輕而不行。」〔註36〕聖人設教，本欲人人皆知，然又恐民知其本末而輕忽不行，故不能使知之，但能使由之。戴氏亦認爲民之性乃冥，故可使從經，而不可使知權，因之，王者之教，皆當以經爲本，而權必隱於經中，戴氏並舉《老子》之言，視「權」爲治國之利器，非不得已，絕不可輕易示之於人。戴氏以聖人立教當於經隱權，即指權存在的必要，不可廢權，可知戴氏以治國當從經之正行，而於經中得兼以用權。

另者，處於無道之邦，戴氏亦以經權並濟論之，《論語・憲問》篇，子曰：「邦有道，危言危行，邦無道，危行言孫。」戴氏《論語注》云：

> 正行以善經，言孫以行權，《春秋》之義，直而不顯，諱而不盈，以箸愼
> 也。（卷十四，頁1）

國有道時，可正言正行，國無道時，雖以「行貴有恆，不以有道、無道異。」〔註37〕爲理想，即戴氏「正行以善經」之義，然爲避免禍害，則「崇其美，揚其善，違其惡，隱其敗，言其所長，不稱其所短。」〔註38〕此亦爲戴氏《論語注》「言孫以行權，行權以遠害」之義，《春秋》定、哀所以微其辭，直而不顯，諱而不盈，皆爲審愼之故，因之，戴氏雖對「行權」頗重視，然亦不忘經之爲本，故認爲處無道之邦仍當以經爲本，以權爲用。括而言之，戴氏提出經權並濟的思想，作爲立身處世乃至於治國的原則，此爲戴氏《論語注》經權思想獨特之處。

總結本章而言，戴望雖爲漢學家周中孚之外孫，其父親爲舉人。然觀其一生遭遇甚坎坷，卻不輟於學，治學之志愈顯彌堅，故雖於三十七歲即已喪歿，仍留下豐碩的著作成果，作爲其一生刻苦向學之註腳，不禁令人爲之讚嘆。觀戴氏之學凡歷三變，然因處於世局變動之時，其學術主張最終乃欲融經術、政事、文章爲一，頗

〔註36〕《後漢書・方術傳》注引鄭注，卷八二，頁2705，台北：鼎文書局，1975年3月初版。
〔註37〕引見劉寶楠《論語正義》，卷十七，頁1，收錄於《皇清經解續編》本，卷一九六七，台北：藝文印書館，1965年10月初版。
〔註38〕《荀子・臣道》篇，卷九，頁3，《四部備要》，台北：台灣中華書局。

見經世之志。

　　戴望所注之《論語注》乃爲研究其《論語》學的重要著作,其以《論語》與《春秋》相表裡,故欲求孔子素王之業,受命改制之志,皆需宣究《論語》之說。遂紹劉逢祿、宋翔鳳之遺緒,以追述何休注《齊論語》之義蘊,並隴括五經之義例而成《論語注》二十卷,體例乃較劉逢祿《論語述何》、宋翔鳳《論語說義》完備。

　　然因戴望《論語注》乃源自劉、宋兩人之作而成,故其中多有襲錄《論語述何》、《論語說義》之文,甚至援引其他《論語》注家之說者,皆未言明引文之來源,恐有剽剿之議。於《公羊》三科九旨之精義,戴望乃隨注文展現其思想,其三統之說雖承宋翔鳳《論語說義》而來,然其提出文章賢才於三統損益過程中的相關性,與文質得中以成仁道之論,皆是其重要的發明。另者,戴望的三世思想,除承《公羊》三世之說外,已含有進化的動力,並以太平世爲仁者行仁之道,將三世說與儒家「仁」之德目相結合,此觀念乃發康有爲視「仁」隨三世之進化的先聲。對於「異內外」之說,戴望乃承繼《春秋》內外異辭之書法與夷夏之辨,並未有獨特之處。此外,戴望《論語注》對《公羊》經權之說的論述,已較劉逢祿、宋翔鳳有全面性、系統性的發揮。

　　綜觀戴望《論語注》多以《公羊》義說解《論語》,雖有失《論語》原旨,穿鑿之跡猶然可見,乃爲其注之侷限性。然以《公羊》義說《論語》者,由劉逢祿發其端,經宋翔鳳的發揚光大,至戴望逐一章句的發揮論釋,實已將《論語》《公羊》化達於臻極,而匯成經學史上獨幟一格的《論語》《公羊》義之著作,並對後繼而起的今文學家有重要的影響性。

第六章　劉恭冕《何休注訓論語述》研究

第一節　生平略傳

　　劉恭冕生於道光元年（西元 1821 年）；卒於光緒六年（西元 1880 年），字叔俛，號勉齋，別號公俛，浙江寶應人，光緒五年舉人。爲劉寶楠次子，幼年隨父於文安任所，立志讀書，守家學，深研經訓，曾推段玉裁欲以「《史記》、《漢書》、《說文》等與五經並列學官」之論，而認爲列於學官者，應於十三經外，再添《大戴記》、《荀子》、《史記》、《漢書》、《通鑑》、《楚辭》、《說文解字》、九章算數等，並列爲二十一經，此乃其廣經之義，故偶後亦以「廣經」名其室〔註1〕。

　　劉氏曾入安徽學政朱蘭幕下，爲校李貽德《春秋賈服注輯述》，移補百數十事。同治中又應曾國藩之聘，校勘諸史於江南官書局，乃爲世所重。後主講湖北經心書院，專課經訓，崇尚樸學，湖北人士爭興於學，黃州、漢陽、沔陽、黃岡諸志皆出其手。由於劉寶楠治《論語正義》未成而卒，恭冕遂秉承父命，爬羅諸注家之異說，歷經十餘年始得以釐定念樓先生手稿而付梓。

　　劉恭冕見《後漢書・儒林傳》記載何休曾注訓《論語》，而何晏《論語集解》採各家之說，獨不及何氏之注。然因讀何氏《公羊傳注》引《論語》之文甚多，乃以何氏深嗜此書，或意欲爲之作注而未成，遂蒐集《公羊傳注》并《左傳》、《穀梁傳》所引《論語》諸文句者〔註2〕，凡五十三則，其中屬《公羊解詁》者四十九則；屬

〔註1〕支偉成《清代樸學大師列傳》〈皖派經學家列傳第六〉，頁206，台北：藝文印書館，1970 年 10 月初版。
〔註2〕同前註。

《膏肓》者二則；屬《廢疾》者二則，合而收錄爲《何休注訓論語述》一卷〔註3〕，以存何氏注訓《論語》之義。另著有《廣經室文鈔》〔註4〕、《古文通假釋》等書。

第二節　劉恭冕《何休注訓論語述》析評

　　劉恭冕所著《何休注訓論語述》雖收錄《公羊解詁》、《左氏膏肓》、《穀梁廢疾》所引《論語》之文，然以何休《公羊解詁》，引《論語》者爲最多。再者，本論文主要以《論語》述何作爲研究重心，故《膏肓》、《廢疾》所引者，均不列入本文研究範圍。

　　劉氏斯編之作，乃依《論語》篇章之次序，其中附案語者共二十四則，無案語者二十九則。此編之中，凡無案語者，僅摘錄何氏《公羊解詁》所引用《論語》之文以存其實，至於案語之內容，大多仍以闡述、申明何氏《解詁》引《論語》之意爲主，而對於何注與《論語》不合者，亦不全然附和，並予以匡正。故本文將逐一解析劉氏之案語，並分爲「闡明何休之意者」與「異於何休之意而別有一解者」兩方面作論述：

壹、闡明何休之意者

　　劉恭冕《何休注訓論語述》之案語多以闡明何休《公羊解詁》引《論語》之意者爲主，而其中或劉氏自行闡述何氏之意，或秉董仲舒《春秋繁露》、徐彥《公羊注疏》、劉逢祿《論語述何》、宋翔鳳《論語說義》、戴望《論語注》等《公羊》家之說，或另引他書以證何氏之意，本文即依《公羊傳》之年代逐一作分析：

△　《公羊》隱公元年經：「九月，及宋人盟於宿。」《解詁》曰：「大者正，小者治；近者說，遠者來。是以《春秋》上刺王公，下譏卿大夫，而逮庶人。」又成公十五年傳：「王者欲一乎天下，曷爲以外內之辭言之？言自近者始也。」《解詁》曰：「明當先正京師，乃正諸夏，乃正夷狄，以漸治之。葉公問政於孔子，孔子曰：『近者說，遠者來。』」劉氏《何休注訓論語述》案曰：

　　此言近者說，遠者乃來也。劉逢祿《述何》云：「《春秋》大一統，必自近者始。」此其義也。（頁8）

〔註3〕《清史稿校註》云：「《清史稿・藝文志》一經部作《何休注訓論語述》；清史館《劉恭冕傳稿》則作《何休論語注訓述》；清國史館《劉恭冕傳》同。」卷四八九，附註113，台北：國史館，1990年2月初版。
〔註4〕同前註，《清史稿校註》云：「《清史稿・藝文志》四集部作《廣經齋文鈔》；清朝《續文獻通考・經籍考》作《廣經堂文鈔》；清國史館《劉恭冕傳》則作《廣經室文鈔》。」卷四八九，附註114。

何氏《公羊解詁》言：「近者說，遠者來。」乃引自《論語‧子路》篇，其原是葉公問為政之法於孔子，皇侃《論語義疏》釋孔子之答，曰：「為政之道，若能使近民懽悅，則遠人來至也。」（卷七，頁183）然何氏以之解《公羊》隱公元年「及宋人盟於宿」之事，欲說明魯與宋結盟，乃為親近來遠之義。又以「異內外」之義，解《公羊》成公十五年「王者欲一乎天下，曷為以外內之辭言之？言自近者始也。」言王者欲一統天下，當自近及遠，先正己，次正諸夏，最後正夷狄，以漸治之，而無內外之分。劉恭冕對於《論語》此句，並未多作說明，僅引劉逢祿《論語述何》所言，認為「近者說，遠者來。」乃指《春秋》主大一統，當由近者始，以闡附何休引《論語》注訓《公羊傳》之義。

△　《公羊》隱公三年經：「王二月己巳，日有食之。」《解詁》曰：「不言月食者，其形不可得而睹也，故疑言日有食之。孔子曰：『多聞闕疑，慎言其餘，則寡尤。』」劉恭冕《何休注訓論語述》案曰：

　　何意謂經書日有食之，是闕疑；不言月食，是慎言其餘。（頁2）

孔子之言見於《論語‧為政》篇「子張學干祿」章，原為夫子教子張求祿之法，以言博學多聞，遇有疑處則闕之，並須慎言其餘不疑者，始得以寡過。然何休以為月食之形既不可得見，故疑而言日有食。因之，《公羊解詁》謂「不言月食者」當為「疑則闕之」之意；而「疑言日有食之」乃是「慎言其餘」，何氏引《論語》此言者乃為表明《春秋》書法之嚴謹。然劉氏則以經書「日有食之」是闕疑；而「不言月食」是慎言其餘，劉氏於此乃誤解何氏之意，但仍無損其欲以《論語》「闕疑」、「慎言其餘」之義闡釋何氏《公羊解詁》引《論語》之用心。

△　《公羊》莊公十七年經：「秋，鄭瞻自齊逃來。」《解詁》曰：「繫鄭者，明行當本於鄉里也。子貢問曰：『鄉人皆好之，何如？』子曰：『未可。』『鄉人皆惡之，何如？』子曰：『未可，不若鄉人之善者善之，鄉人之惡者惡之。』」劉恭冕《何休注訓論語述》案曰：

　　《述何》云：「言行本於鄉里，《春秋》書鄭瞻之佞，不以微者略也。」本
　　此注。（頁8）

《公羊解詁》所引見於《論語‧子路》篇，原指欲判斷人之善惡，若僅以鄉人皆好之或鄉人皆惡之，作為判斷之依據，乃於善善、惡惡未能顯著判分，實不若鄉人之善行者善之，鄉人之惡行者惡之，使善、惡分辨了然。《公羊傳》以鄭瞻雖為鄭國之微者，仍繫於鄭，以書其佞，何氏引《論語》之文，以釋行當本於鄉里。劉恭冕於何氏之說並未提出相左意見，僅本劉逢祿《論語述何》之注，以言《春秋》不因鄭

瞻地位之卑微而略其言行，以彰明言行本於鄉里，從而申明何休之義。

△ 《公羊》莊公十七年經：「齊人執鄭瞻」傳：「書甚佞也。」《解詁》曰：「孔子
　　曰：『放鄭聲，遠佞人。』，罪未成者，伯當遠之而已。」劉恭冕案曰：

　　　《白虎通・誅伐》篇：「《韓詩內傳》曰：『孔子爲魯司寇，先誅少正卯，
　　　爲佞道已行，亂國政也。佞道未行，章明遠之而已，《論語》曰：『遠佞人』
　　　與何義合。（頁9）

何氏引孔子之言出於《論語・衛靈公》篇，因鄭聲淫亂故需放之；因佞人壞邦家故
需遠之。何氏《公羊解詁》引之，以明鄭瞻雖未成罪，然因「佞人殆」，故桓公爲霸
主，自當遠離佞人。劉恭冕引《韓詩內傳》以孔子誅少正卯之事，彰明佞道雖未行，
仍當遠之矣，與何氏之義相印證。

△ 《公羊》莊公二十四年傳：「戎將侵曹，曹羈諫曰：『戎眾以無義，君請勿自敵。』
　　曹伯曰：『不可。』三諫不從，遂去之。故君子以爲得君臣之義。」《解詁》曰：
　　「孔子曰：『所謂大臣者，以道事君，不可則止。』此之謂也。不從得去者，仕
　　爲行道，道不行，義不可以素餐，所以申賢者之志，孤惡君也。」劉恭冕《何
　　休注訓論語述》案曰：

　　　如何義不可則止，謂去位不仕也。〈顏淵〉篇陳力就列不能者止義同。（頁6）

何氏所引孔子之言出於《論語・季氏》篇，原乃彰明爲臣事君之道，謂事君以正道，
若君之行有過失則諫以正道，君不從則去位不仕。《白虎通・諫諍》篇謂：「諸侯之
臣諍不從得去何？以屈尊伸卑，孤惡君也。」〔註5〕亦言大臣事君之法，劭公引夫
子之言，以釋曹羈三諫曹伯，不得爲曹伯所納，遂去，深得以道事君的君臣大義。
劉恭冕申明何氏之義，謂爲臣之道，若君不從諫則當去位不仕，並援舉《論語・季
氏》篇中「季氏將伐顓臾」章孔子所引用周任之言，以釋《公羊解詁》事君之道。

△ 《公羊》閔公二年經：「鄭棄其師。」《解詁》曰：「繫閔公篇於莊公下者，子未
　　三年，無改於父之道。《傳》曰：『則曷爲於其封內三年稱子，緣孝子之心，則
　　三年不忍當也。』」劉恭冕《何休注訓論語述》案曰：

　　　宋翔鳳《論語發微》云：「道，治也。三年無改於父之道，謂繼體爲政者
　　　也。」（頁1）

《公羊解詁》所引乃出自《論語・學而》篇，此句原指孝子在喪三年，哀慕猶若父
存，故無改於父之道，實可謂孝。劭公引之，以釋繫閔公於莊公下之緣由，認爲《論

〔註5〕引見《白虎通・諫諍》篇，卷二，頁114，《叢書集成初編》本，北京：中華書局，
　　　1985年北京新一版。

語》微言與《春秋》通，而明三年無改於父之道，以示繼體爲政之法。實而言之，《春秋》繫閔公於莊公下，蓋因閔公事短，故繫附於莊公之下，可知何氏之言僅屬以義穿鑿。宋翔鳳《發微》亦循何氏之說而立論，因之，劉恭冕引宋氏之言亦是闡附何氏之義而已。

△　《公羊》僖公十五年經：「震夷伯之廟。」《傳》：「其稱夷伯何？大之也。曷爲大之？天戒之，故大之也。」《解詁》曰：「明此非但爲微者異，乃公家之至戒，故尊大之，使稱字過于大夫以起之，所以畏天命，孔子曰：『君子有三畏，畏天命、畏大人、畏聖人之言。』」劉恭冕《何休注訓論語述》案曰：

> 此解天命主禍福言，《春秋繁露・郊語》篇引此文解之云：「以此見天之不可不畏敬，猶主上之不可不謹事，不謹事主其禍來至顯，不畏敬天其殃來至闇。闇者不見其端，若自然也。由是觀之，天殃與上罰，所以別者闇與顯耳。孔子同之具言可畏也。」又〈順命〉篇說此文云：「其祭社稷、宗廟、山川、鬼神不以其道，無災無害，至於祭天不享，其卜不從，使其牛口傷，鼷鼠食其角，或言食牛，或言食而死，或食而生，或不食而自死，或改卜而牛死，或卜而食其角，過有深淺厚薄，而災有簡甚，不可不察也。以此見其可畏，專誅絕者，其唯天乎。」亦是主禍福與何同義。（頁 11）

何氏《公羊解詁》所引者出自《論語・季氏》篇，言君子心所畏服有三事，順吉逆凶，天之所命，君子畏之；聖人與天地合其德，君子畏之；聖人之言，深遠不可易知測，故君子畏之。《公羊傳》載夷伯原爲季氏所信任的臣子，雖爲微者，然以天命之故而稱爲夷伯，故劭公引夫子「畏天命」之言，以明夷伯所以稱字之義。劉恭冕所舉《春秋繁露》之文，以說明天命專主禍福之義，乃與何氏《公羊解詁》之言相與呼應。

△　《公羊》文公十二年傳：「惟一介斷斷焉無他技。」《解詁》曰：「他技奇巧，異端也。孔子曰：『攻乎異端，斯害也已。』」劉恭冕《何休注訓論語述》案曰：

> 鄭注《大學》云：「他技，異端之技也。」與何同。（頁 1）

何氏《公羊解詁》所引者出自《論語・爲政》篇，何晏《論語集解》釋「異端」爲：「善道有統，故殊途而同歸，異端不同歸也。」（卷二，頁 5）異端乃與正統善道相互異，劭公引之以美秦繆公專注純一，無異端奇巧之處，以盡釋《公羊傳》之義。劉氏於此僅舉鄭玄《大學》注之言，以他技爲異端，使合於《公羊解詁》釋《傳》之義。

△　《公羊》文公十五年經：「齊人來歸子叔姬。」《傳》：「其言來何？閔之也。父母

之於子，雖有罪，猶若不欲服罪然。」《解詁》曰：「孔子曰：『父爲子隱，子爲父隱，直在其中矣。』，所以崇父子之親也。」劉恭冕《何休注訓論語述》案曰：

> 《鹽鐵論·周秦》篇：「父母之於子，雖有罪，猶匿之。豈不欲服罪？子爲父隱，父爲子隱，未聞父子之相坐也。」（頁8）

何氏所引爲《論語·子路》篇之言，原指父子至親，互相隱諱，乃合於天理人情，雖不求直，然直亦在其中。《白虎通·諫諍》篇亦云：「君不爲臣隱，父獨爲子隱何？以爲父子一體，榮恥相及。」〔註6〕明父子骨肉至親，乃得相爲隱，與君臣相異。因之，劭公引〈子路〉篇孔子之言，乃認爲「叔姬于文公爲姊妹，言父母者，時文公母在，明孝子當申母恩。」〔註7〕以明言文公當申母恩，爲叔姬棄歸之事隱罪。劉恭冕引《鹽鐵論·周秦》篇之言，以說明子女有罪，父母爲其匿罪，實因父子可相隱，不可相坐之義，同於何氏《解詁》之說。

△ 《公羊》宣公八年經：「葬我小君頃熊。雨，不克葬。庚寅，日中而克葬。」《傳》：「而者何？難也。乃者何？難也。曷爲或言而或言乃，乃難乎而也」《解詁》曰：「言乃者，內而深。言而者，外而淺，下昊日佚久，故言乃，孔子曰：『其爲之也難，言之得無訒乎？』皆所以起孝子之情也。」劉恭冕《何休注訓論語述》案曰：

> 包慎言《論語溫故錄》：「依何氏意，似訒者謂其辭之委曲煩重，心有所不忍而不能徑遂其情，故言之亦多重難。鄭注云：『訒，不忍言也。』說與何氏同。……徐遵明《公羊疏》申解《論語》云：『言難之事，必須訒而言之。』蓋訒而言，正所以致其不忍之情，故夫子以爲仁。」案：如包君所測，爲之猶言處之也。（頁6）

何氏引出於《論語·顏淵》篇，此章原爲孔子答司馬牛問仁之事，何晏《論語集解》引孔安國注「訒」字云：「難也。」（卷十二，頁2）既然行仁爲難，言之亦不得不難。劭公引此語，而將「訒」字解爲「不忍言」之義，以明喪葬之事爲難，因之，委婉其辭，以起不忍之情。包慎言《論語溫故錄》之論述，乃由何氏《解詁》與徐遵明《公羊疏》所言，以推斷《論語》「訒」字有「不忍言」之義，劉恭冕引之，以申釋何氏之言。

△ 《公羊》成公十五年傳：「王者欲一乎天下，曷爲以外內之辭言之？言自近者始

〔註6〕同前註，卷二，頁121。
〔註7〕何休《公羊解詁》，卷十四，頁14，《十三經注疏》本，台北：藝文印書館，1989年1月11版。

也。」《解詁》曰：「明當先正京師，乃正諸夏，乃正夷狄，以漸治之。季康子問政於孔子，孔子曰：『政者，正也。子帥以正，孰敢不正。』」劉恭冕《何休注訓論語述》案曰：

> 《漢書‧王吉傳》吉上疏曰：「臣聞聖王宣德流化，必自近始，朝廷不備，難以言治；左右不正，難以化遠，聖主獨行於深宮，得則天下稱頌之；失則天下咸言之，行發於近，必見於遠。」此說可證何義。（頁7）

何氏引孔子之言，出於《論語‧顏淵》篇，此章爲季康子問爲政之道於孔子，孔子告其爲政之本，以「正」字訓「政」之義〔註8〕。言政教乃在於齊正，君者若每事以正，則其下之臣民誰能不正爾。劭公引夫子此說，以申明先正己，次正諸夏，後而正夷狄，由近而推之遠，即爲其「異內外」之義。劉恭冕引《漢書‧王吉傳》所載王吉之疏文，言君主之行雖於深宮中，而其得失則見於天下百姓，故聖王之治當由近始而推之於遠，劉氏舉此說乃欲證何休之義。

△　《公羊》襄公七年經：「公會晉侯、宋公、陳侯、衛侯、曹伯、莒子、邾婁子於鄎，陳侯逃歸。」《解詁》曰：「加逃者，抑陳侯也。孔子曰：『夷狄之有君，不如諸夏之亡。』不當背也。」劉恭冕《何休注訓論述》案曰：

> 陳侯事楚背晉，故何引《論語》說之。哀十三年，公會晉侯及吳子于黃池。吳何以稱子，吳主會也。吳主會則曷爲先言晉侯，不與夷狄之主中國也。《解詁》：「明其實自以夷狄之彊會諸侯爾，不行禮義，故序晉於上。主書者惡諸侯之君夷狄。」是何意夷狄兼指吳楚。劉逢祿《論語述何》云：「夷狄之者，《春秋》於中國無禮義則狄之。衛劫天子之使，則書戎伐。邾、牟、葛三國同心朝事魯桓，則貶稱人之類，言朝則有君可知。諸夏之者，如潞子嬰之離於夷狄，雖亡猶進爵書子，君子之所與也。書滅亡國之善辭，言當興也。」案：劉說夷狄諸夏，以有禮義、無禮義別之，不必以夷狄爲四荒所在也，亦就《公羊》義引申之。（頁2）

何氏引孔子之言出於〈八佾〉篇，《論語》此章本指中國以禮義盛稱，夷狄則無之。因之，夷狄雖有君主而無禮義，終不若中國偶無君主而不廢禮義。劭公引之，以說明諸夏雖無義，陳侯亦不當棄夏即夷，事楚而背晉，故加逃者，以抑陳侯。何氏注哀公十三年的黃池之會，說明吳雖爲盟主，然經文序晉於上，表明不與夷狄之主中國，故先言「晉侯」以嚴夷夏之防。劉逢祿《論語述何》舉桓公十五年邾婁、牟、

〔註8〕錢穆《論語漢宋集解》案曰：「季康子問政於孔子者，欲求孔子爲政之道法以馭其下也。孔子不告其政法而告其本：曰政者正也。乃如《皇疏》謂以正字訓政之意答之也。」此處乃採錢氏之意，頁637，台北：新文豐出版社，1978年9月初版。

葛三國來朝而貶稱人之事，乃因「桓公行惡，而三人俱朝事之，三人爲眾，眾足責，故夷狄之。」〔註9〕又宣公十五年，赤狄潞氏雖亡，仍能進爵稱子，乃因其去離夷狄之俗，欲歸中國之義。劉恭冕認爲劉逢祿《論語述何》之言，乃以禮義之有無，作爲夷夏之分野，其華夷觀念亦從《公羊》之義引申而來，故舉《公羊》哀公十三年黃池之會的書法，與劉氏《論語述何》之言，以闡明何氏之意。

△　《公羊》襄公二十九年傳：「飲食必祝。」《解詁》曰：「祝，因祭祝也。《論語》曰：『雖疏食菜羹，瓜祭是也。』劉恭冕《何休注訓論述》案曰：

鄭注《論語》云：「魯讀瓜爲必，今從古。」是《古論》作瓜，屬上疏食菜羹爲句，祭爲句，臧庸《拜經日記》謂：「何劭公止通今學，不當引《古論》，此蓋用《魯論》之文，以證《傳》中「必祝」，後人誤據今本改之。」臧君此說似是而非，《魯論》所見本亦作「瓜」，而讀爲「必」則改字例也。《南史》顧憲之終制引《魯論》此文即作「瓜祭」，是《魯論》並不作「必」，劭公引「疏食、菜羹、瓜祭」以證飲食必祝之義，非所見《魯論》作「必祭」也。（頁5）

何氏所引出於《論語·鄉黨》篇，今本《論語》乃作「雖疏食、菜羹、瓜祭，必齊如也。」劭公引之以證《公羊傳》「必祝」之義。對於《公羊解詁》所引「瓜祭」一辭，學者有不同之主張。臧琳云：「《論語》古文今文云：「《古論語》：『雖疏食、菜羹、瓜，祭，必齊如也。』《魯論語》：『雖疏食、菜羹，必祭，必齊如也。』」〔註10〕可知《古論》作「瓜」；《魯論》作「必」。臧庸《拜經日記》認爲劭公爲今文學者，當用《魯論》之文，而今《解詁》作「瓜祭」是後人誤以今本《論語》改之，故主張「瓜」乃「必」字之誤〔註11〕，持此論者，另有劉寶楠《論語正義》〔註12〕、陳立《公羊義疏》〔註13〕。然劉恭冕批評臧庸之論，似是而非，其以爲《魯論》亦作「瓜祭」，讀爲「必」乃改字例也，並舉顧憲之引《魯論》此文作「瓜祭」爲例證。另有潘維城案云：

〔註9〕同註7，卷五，頁16。
〔註10〕引見臧琳《經義雜記》卷一，頁24，收錄於《皇清經解》本，卷一九五，台北：藝文印書館，1963年6月初版。
〔註11〕參考臧庸《拜經日記》卷一，頁9，收錄於《皇清經解》本，卷一一七〇，台北：藝文印書館，1963年6月初版。
〔註12〕劉寶楠《論語正義》云：「案：臧校是也。」卷十三，頁6，收錄於《皇清經解續編》本，卷一〇六三，台北：藝文印書館，1965年10月初版。凡下文所引《論語正義》者，出處同此，故僅標明其卷數、頁數。
〔註13〕陳立《公羊義疏》云：「案：臧說是也。」卷六十，頁16，收錄於《皇清經解續編》本，卷一二四八，台北：藝文印書館，1965年10月初版。

《公羊》襄二十九年《傳》：「飲食必祝」注，《論衡・祭意》篇並引作「瓜」。

　　何休通今文，充書所引亦多今文，《魯論》爲今文，並作「瓜」，不作「必」，

　　則知《魯論》直讀「瓜」爲「必」，非誤字也。〔註14〕

潘氏之意，以何氏通今文，王氏《論衡》亦多引今文，兩者既作「瓜祭」，可知《魯論》應作「瓜祭」，潘氏此論可與劉氏之說並而觀之。因之，《公羊解詁》書爲「瓜祭」乃引自《魯論》，此說當爲可信，劉恭冕並以之證何氏之意。

△　《公羊》昭公十二年傳：「伯于陽者何？公子陽生也。子曰：『我乃知之矣。』
　　在側者曰：『子茍知之，何以不革？』曰：『如爾所不知何？』《解詁》曰：「此
　　夫子欲爲後人法，不欲令人妄億錯，子絕四：毋意、毋必、毋固、毋我。」劉
　　恭冕《何休注訓論述》案曰：

　　　此引毋意，謂意度之也。意與億同義。（頁5）

　　何氏所引出自《論語・子罕》篇，此章言孔子絕去此四事，劭公僅取「毋意」義，徐彥云：「欲道無事億措，乃孔子所絕，是以脩《春秋》而有其義。」〔註15〕關於「意」字之訓，《說文解字》段注曰：「『意』之訓爲測度，……訓測度者，如《論語》『毋意、毋必』，『不億不信』，『億則屢中』，其字俗作『億』。」段氏訓「意」爲測度，其義相仿於意度，「億」乃爲「意」之俗字，故「意」與「億」同，又劉寶楠《論語正義》云：

　　　《公羊傳》：「伯于陽者何？公子陽生也。……。」何休注：「子欲爲後人
　　　法，不欲令人妄億錯。」下引此文云云，即是以意爲億度也。《釋文》：「意
　　　如字。或於力反，非。」於力之音，亦是讀「億」，陸不當以爲非也。（卷
　　　十，頁6）

可知劉寶楠以「意」爲億度，亦讀爲「億」，故意與億同義，劉恭冕認爲劭公所引毋意之「意」爲「意度之」亦可作「億度之」，且言「意」與「億」同義，皆爲善解何氏之意。

△　《公羊》定公四年傳：「朋友相衛。」《解詁》曰：「時子胥因仕於吳爲大夫，君
　　臣言朋友者，闔廬本以朋友之道爲子胥復讎。孔子曰：『益者三友，損者三友，
　　友直、友諒、友多聞，益矣；友便辟、友善柔、友便佞，損矣。』」劉恭冕《何
　　休注訓論述》案曰：

〔註14〕潘維城《論語古注集箋》卷十二，頁3，收錄於《皇清經解續編》本，卷九二〇，台
　　　北：藝文印書館，1965年10月初版。

〔註15〕引見徐彥《公羊注疏》卷二二，頁19，《十三經注疏》本，台北：藝文印書館，1989
　　　年1月11版。凡下文所引《公羊注疏》者，出處同此，故僅標明其卷數、頁數。

此謂人君以臣爲友也。《後漢書‧爰延傳》：「故王者善人同處則日聞嘉訓，惡人從游則日生邪情。孔子曰：『益者三友；損者三友。』邪臣惑君，亂妾危主，以非所言則樂於耳；以非所行則甂於目，故令人君不能遠之。」亦以三友指君臣言。（頁 10）

何氏引自《論語‧季氏》篇，此章言以人爲友，損益於己，各有三類，乃爲夫子戒人擇友當審慎。劭公引之以說明闔廬、子胥雖爲君臣，亦相爲益友。劉恭冕以爲《公羊解詁》言闔廬以朋友之道爲子胥復讎，是人君以臣爲友，又舉《後漢書‧爰延傳》借引夫子之語，以明人君應遠邪臣亂妾，故其損益三友亦指君臣而言，劉氏之說頗得何氏之義。

△ 《公羊》哀公三年傳：「蒯聵爲無道，靈公逐蒯聵而立輒，然則輒之義可以立乎？曰：可。其可奈何，不以父命辭王父命，以王父命辭父命，是父之行乎子也，不以家事辭王事，以王事辭家事，是上之行乎下也。」《解詁》曰：「雖得正，非義之高者也，故冉有曰：『夫子爲衛君乎？』子貢曰：『諾，吾將問之。』入曰：『伯夷、叔齊何人矣？』曰：『古之賢人也。』曰：『怨乎？』曰：『求仁而得仁，又何怨？』出曰：『夫子不爲也。』」劉恭冕《何休注訓論語述》案曰：

> 此引《論語》以正《公羊》之誤。徐疏云：「子曰：古之賢人也者，言古之賢士且有仁行，若作仁字如此解之，若作人字不勞解也。」臧庸《拜經日記》：「據此疏，以爲當作古之賢仁。」按：此說不然，若作仁字云云，乃後人校語，非疏原文，蓋見疏言古之賢士且有仁行，謂疏所見注文當是賢仁，後人誤屬入疏爾，其實疏意是騊括，古之賢人，求仁得仁，二句解之，非本作賢仁也。（頁 4）

何氏所引自《論語‧述而》篇，此章記夫子崇仁讓，而美夷齊之行，惡父子相爭國，故不爲衛君。劭公引之，以明衛君輒於法雖得以立，然無法順於人心，終非義之高者，因之，夫子不助也。劉恭冕認爲何休引《論語》此章乃爲正《公羊傳》義之誤，並駁臧庸將「古之賢人」當作「古之賢仁」，其認爲《公羊疏》之意，乃統括「古之賢人」與「求仁得仁」二句之義，以言古之賢士且有仁行者。因此，劉氏認爲若作「賢仁」則是後人將校語誤屬入疏文，本當作「賢人」，可知，臧庸之說恐誤解疏文爾。劉氏之論辯頗合於何氏引《論語》以證《公羊解詁》之義。

貳、異於何休之意而別有一解者

劉恭冕《何休注訓論語述》雖以闡述何氏之意爲多，然於何注與《論語》不合者，並不全然附和，乃加以論述匡正，另立別解：

△ 《公羊》桓公八年傳：「春曰祠，夏曰礿，秋曰嘗，冬曰烝。士不及茲四者，則冬不裘，夏不葛。」《解詁》曰：「士有公事，不得及此四時祭者，則不敢美其衣服，蓋思念親之至也。故孔子曰：『吾不與祭，如不祭。』」劉恭冕《何休注訓論述》案：

> 《論語》言吾不與祭，是有攝祭，可知〈特牲饋食禮〉云：「特牲饋食之禮不諏日」。注：「士賤職褻時至事暇可以祭，則筮其日矣。不如少牢，大夫先與有司於廟門諏丁巳之日。」賈疏鄭云：「時至事暇可以祭者，若祭時至有事不得暇，則不可以私廢公故也。若大夫已上時至唯有喪故不祭，自餘吉事皆不廢祭，若有公事及病，使人攝祭。」故《論語注》云：「孔子或出或病而不自親祭，使攝者為之，不致肅敬其心與不祭同（此注全同包注，今鄭注輯本亦採入恐非）。」就賈此疏所引《論語注》繹之明，謂孔子仕為大夫，得使人攝祭也，今劭公引以證士禮（劉逢祿《述何》戴望《論語注》皆用之。）非《論語》之旨。（頁2）

《公羊傳》言士之職卑，有公事不能使人攝祭，則廢祭。何氏之注除釋《公羊傳》意外，又引《論語》，以明士有公事，不得與祭，所以不裘不葛之義，以證士禮。《論語》此言見於〈八佾〉篇，由賈疏所引《論語注》可知孔子仕為大夫，當祭之時，如有事而不得親祭，雖使他人攝之，然若未能致其如在之誠意，雖是已祭，實與不祭相同。因之，劉恭冕以《儀禮‧特牲饋食禮》賈公彥疏所引《論語》注：「吾不與祭，如不祭。」之旨，言大夫得使人攝祭之義，與劭公《公羊解詁》所引夫子之言，用以證「士有公事，不得及此四時祭者，則不敢美其衣服，蓋思念親之至也。」之士禮者相異。

△ 《公羊》文公二年傳：「練主用栗。」《解詁》曰：「謂期年練祭也，埋虞主於兩階之間，易用栗也。夏后氏以松，殷人以柏，周人以栗。松，猶容也，想見其容貌而事之，主人正之意也。柏，猶迫也，親而不遠，主地正之意也。栗，猶戰栗謹敬貌，主地正之意也。」劉恭冕《何休注訓論述》案曰：

> 此引文是《論語》作問主，松、柏、栗皆宗廟練主所用，不謂社主也。《白虎通》云：「祭所以有主者何？神無所依據，孝子以主繼心焉。」《論語》云：「魯哀公問主於宰我，宰我對曰：夏后氏以松，松者所以自悚動；殷人以柏，柏者所以自迫促；周人以栗，栗者所以自戰慄，亦不相襲。」《左》文二年疏，引《論語》家張、包、周等並為廟主與《白虎通》、何休《公羊注》同，則皆《魯論》說也。《古論》作問社，見許慎《五經異義》，鄭

據《魯論》作問主而義則從《古論》爲社主，與《魯論》說異。松容、柏
迫之義與《白虎通》松爲悚動，柏爲迫促略同，疑亦《魯論》家所傳之義，
然究不免附會，《五經異義》夏后氏都河東宜松也，殷人都亳宜柏也，周
人都澧鎬宜栗也。大司徒設其社稷之遺而樹之田主，各以其野之所宜木，
遂以名其社與其野，注所宜木謂若松、柏、栗也。許、鄭解《論語》此文，
皆以爲地所宜木，其說最允。（頁3）

何氏引之於《論語‧八佾》篇，何晏《論語集解》引孔安國注云：「凡建邦立社各
以其土所宜之木。」其言以樹木爲社主。邢昺《論語注疏》云：「張、包、周本以
爲哀公問主於宰我，先儒或以爲宗廟主者，杜元凱、何休用之以解《春秋》，以爲
宗廟主，今所不取。」（卷三，頁3）徐彥《公羊傳》疏云：「『夏后氏』以下出於
《論語》，而鄭氏注云：『謂社主』，正以古文《論語》哀公問社於宰我故也。今文
《論語》無『社』字，是以何氏爲廟主耳。」（卷十三，頁4）可知邵公將「主」
釋爲「廟主」，其解與《白虎通》相同，而《白虎通》所引《論語》皆從《魯論》
〔註16〕，故可知《公羊解詁》所引亦從《魯論》之說。雖《解詁》訓「松、柏、
栗」之義與《白虎通》幾相符，唯「松」字之訓有小異，亦疑之皆爲《魯論》家
所傳，而劉恭冕並不贊同此說之義，故評之爲附會。劉寶楠《論語正義》云：「《左》
文二年疏：『案《古論語》及孔、鄭皆以爲社主。』……鄭君據《魯論》作『問主』，
而義則從《古論》爲社主，亦是依《周禮》說，定之矣。」（卷四，頁5）由而得
知，《古論》作「社主」，不同於《魯論》作「廟主」，《周禮‧大司徒》有「樹之
田主，各以其野所宜木。」鄭玄據《論語》注之曰：「所宜木，謂若松、柏、栗。」
陸德明云：「社如字，鄭本作『主』，云主，田主，謂『社』也。」〔註17〕可知鄭
氏雖作「主」實即「社」，同於《古論》作地所宜木之義，許慎《五經異義》本於
《古論》，亦異於今文《論語》作宗廟主之說，劉恭冕《何休注訓論語述》於此幾
經引證論述，最終亦歸同於《古論》之說，而異於何休《解詁》從《魯論》所釋
之義。

〔註16〕張廣慶《何休春秋公羊解詁研究》，第四章〈公羊解詁注經之依據〉附註三八云：「《白
虎通‧社稷》篇：『《論語》曰：「譬諸宮牆……。」』陳立疏證云：『今本「譬諸」作「譬
之」，漢石經作「譬諸」，《魯論語》也』。」類此引《魯論》之例證，分見《白虎通疏
證》卷三，頁9、頁27；卷五，頁4；卷七，頁21、27；卷八，頁19；卷九，頁26。
陳舜政《論語異文集釋》亦有「往往引用《魯論》的《白虎通》。」之說，頁175，台
北：國立台灣師範大學，國文研究所碩士論文，1989年6月。
〔註17〕引見陸德明《經典釋文‧論語音義》卷二四，頁1364，《叢書集成初編》本，北京：
中華書局，1985年北京新一版。

△　《公羊》文公九年傳：「以天子三年，然後稱王，亦知諸侯於其封內三年稱子
也。……緣孝子之心，則三年不忍當也。」《解詁》曰：「子張曰：『《書》云：「高
宗涼闇，三年不言」，何謂也？』子曰：『何必高宗？古之人皆然。君薨，百官
總己，以聽冢宰三年。』」劉恭冕《何休注訓論述》案曰：

　　《漢書·五行志》：「劉向以爲殷道既衰，高宗承敝而起，盡涼陰之衰，天
　　下應之也。」亦作涼與何同。伏生《大傳》：「《書》曰：高宗梁闇，何爲
　　梁闇也？《傳》曰：『高宗居凶廬，三年不言，此之謂梁闇。』」鄭注《書·
　　無逸》云：「諒闇轉作梁闇，楣謂之梁，闇謂廬也。」又注《論語》云：「梁
　　闇爲凶廬也。」如鄭此說，伏生《傳》作梁用本字，作諒、作涼皆假借，
　　今《無逸》作亮亦假借，《文選·閒居賦》：「今天子涼闇之際。」李善注
　　解爲寒涼幽闇，此望文爲訓。（頁9）

劭公《公羊解詁》言：「孝子三年，志在思慕，不忍當父位，故雖即位，猶於其封內
三年稱子。」（卷十三，頁 16）已盡釋《公羊傳》之義，然《解詁》所取之文乃引
自《論語·憲問》篇，原爲夫子回答子張有關「天子諸侯居喪之禮。」爲劭公復引
之，以申其三年不忍當父位之義。劉恭冕則針對《論語》引《書》「諒陰」之「諒」
字作辨正。鄭注《周書·無逸》及注《論語》皆作「梁闇」，又《禮記·喪服四制》：
「高宗諒闇三年。」鄭氏亦曰：「諒，古作『梁』，楣謂之梁。」〔註18〕可知鄭氏作
「梁闇」之故，恐或本於伏生《書大傳》。宋翔鳳《過庭錄》舉《書·無逸》作「亮
陰」，又舉《左傳》隱公元年正義引馬融《書》注「亮，信也。陰，默也。」將「諒」
字當爲古文《書》，並以伏生《書大傳》作「梁闇」將「梁」字釋爲今文《書》。因
之，劉恭冕從今文《書》之說，以「梁」字爲本字，則「諒」、「涼」及「亮」皆視
爲「梁」之同音假借字，且斥《文選》李善注望文爲義，非爲古訓。

△　《公羊》定公十四年經：「城莒父及霄。」《解詁》曰：「去冬者，是歲蓋孔子由
大司寇攝相事，政化大行，……，齊懼，北面事魯，饋女樂以閒之，定公聽季
桓子受之，三日不朝，……。歸女樂不書者，本以淫受之，故深諱其本文，三
日不朝，孔子行，魯人皆知孔子所以去，附嫌近害，雖可書猶不書，或說無冬
者，坐受女樂，今聖人去冬，陰，臣之象也。」劉恭冕《何休注訓論述》案曰：

　　劉逢祿《述何》云：「齊人歸女樂，《春秋》不書者，內大惡諱，定、哀多
　　微辭也，故唯去冬，以明聖功之不終焉。」從何前說。（頁12）

齊人歸女樂之事，載於《論語·微子》篇：「齊人歸女樂，季桓子受之，三日不朝，

孔子行。」劭公引之以說明《春秋》諱內大惡不書，故聖人唯去冬，表聖功之不終。劉恭冕引劉逢祿《論語述何》注《論語》此章之言，以彰顯劭公之說。關於「齊人歸女樂」之時間，劉恭冕認爲《史記·孔子世家》記敘此事在定公十四年，何休之注亦同之。然劉氏又言：

> 江永《鄉黨圖考》獨以世家爲非，云：「定十三年夏，有築蛇淵囿，大蒐比蒲，皆非時勞民之事。使夫子在位而聽其行之，則何以爲夫子？考〈十二諸侯年表〉及〈衛世家〉，皆於靈公三十八年書孔子來，祿之如魯。衛靈公三十八年當魯定十三年，蓋女樂事在十二、十三冬春之間，去魯實在十三年春，故經不書，當以〈衛世家〉爲正。」（頁12）

江永以定公十三年夏，非時勞民之事，乃孔子所不爲，故判定孔子此時已離開魯國，又據〈十二諸侯年表〉及〈衛世家〉載衛靈公三十八年孔子適衛之事，時值魯定公十三年，故推斷女樂之事當於定公十二、十三年冬春之際。因之，定公十三年夏，孔子既已去魯，同年又至衛，江氏認爲孔子去魯當於定公十三年春，故經書不書，江氏此說乃別於《公羊》家之論。劉恭冕舉江永之說，其意當別於何氏《公羊解詁》之說而另爲一解。

　　總結本章而言，劉恭冕之父劉寶楠、叔祖劉台拱皆名譽士林，因之，劉恭冕自幼立志讀書，頗承家學並深通經訓。其所著《何休注訓論語述》亦承劉逢祿《論語述何》、宋翔鳳《論語說義》、戴望《論語注》之述何風氣而作。此書篇帙短小，雖分別收有《膏肓》、《廢疾》、《墨守》所引《論語》之文，仍以收《公羊解詁》引《論語》者爲多，然並不偏主《公羊》義例之發揮，此爲異於劉逢祿、宋翔鳳等人述何之作的寫作風格。綜觀全書乃旁徵諸家之說，牽引附會以證何休之意者爲多，雖遇有何注與《論語》不合者，亦不全然附和，仍徵舉諸家之說並下己意以匡正何注之缺失。因之，劉恭冕《何休注訓論語述》僅以摘錄徵引爲主，並未作《公羊》思想的發揮，然無論其旁徵諸家之說，是爲闡證何義者，或爲異於何義而提出別解者，皆爲何休引《論語》以證《公羊》義提供客觀之說明。

第七章　俞樾《何劭公論語義》研究

第一節　俞樾及其《何劭公論語義》著作動機

壹、生平略傳

　　俞樾生於道光元年（西元 1821 年）；卒於光緒三十二年（西元 1906 年），字蔭甫，號曲園，浙江德清人〔註 1〕，俞氏天性篤厚廉直，律己尤嚴，不好聲色，布衣蔬食。道光三十年進士，改庶吉士，授翰林院編修。以覆試詩有「花落春仍在」之句為曾文正公所讚賞，因受知於文公，遂以《春在堂》名其全書，以志曾文正公之知遇。咸豐己卯年，放河南學政，因人言罷歸，僑居蘇州，既返初服，乃專力治經，一意著述，以高郵王氏父子之學為宗，其《群經平議・序》嘗謂：「治經之道，大要有三：正句讀、審字義、通古文假借，得此三者以治經，則思過半矣。……三者之中，通假借為尤要。」可知其以發明故訓，以正文字為治學之道。《群經平議》乃繼王氏《經義述聞》而作，雖稍有未逮，然《諸子平議》則幾與《讀書雜志》抗衡，《古書疑義舉例》則變《經傳釋詞》之例，而愈益恢廓〔註 2〕，其後《俞樓雜志》、《曲園雜纂》……諸書出，析疑振滯，雖多與前數書相仿，然精義又甚於昔日，可見其學與時漸進，旁及百家，著述閎富。

　　俞氏曾見宋翔鳳，得聞武進莊氏之學，故治經頗右《公羊》，然其學無常師，好

〔註 1〕依據楊家駱主編《歷代人物年里通譜》所載，頁 707，台北：世界書局，1993 年 1 月 4 版。

〔註 2〕參考支偉成《清代樸學大師列傳》〈皖派經學家列傳第六〉，頁 230，台北：藝文印書館，1970 年 10 月初版。

改經字，後成《茶香室經說》十六卷〔註3〕。俞氏於諸經皆有纂述，而以《易》學爲深，所著《易貫》，專發明聖人觀象繫辭之義；《玩易》五篇，則自出新意，不拘泥先儒之說；又作《艮宦易說》、《卦氣值日考》、《互體方位說》……等，散見叢書雜纂中，皆足證一家之學〔註4〕。其訓詁主漢學；義理主宋學，教弟子以通經致用，晚歲憂傷時局，曾謂：「形而上者謂之道；形而下者謂之器。以中學爲體者，道也；以西學爲用者，器也。」〔註5〕可見俞氏之學羅列廣博，但最終亦求落實於致用。

其足跡雖不出江浙，然聲名洋溢海內外，除有曾國藩、李鴻章、徐樹銘等傾心納交，又有日本文士執業門下者，可見其爲中外所重如此。俞氏自少即有著述之志，中年以後纂輯尤勤，其屬《論語》作有：《論語鄭義》一卷，乃於何晏《論語集解》之外，就鄭玄《詩箋》、《禮注》言及《論語》者，摘取之並間下己意，以闡明鄭義。《論語古注擇從》一卷，蓋擇古注之善者而從之，以正朱注之謬失。《續論語駢枝》一卷，乃仿寶應劉端臨之《論語駢枝》體例而作，因題是名，僅十三條，雖有一、二可資參考者，然多爲泛泛之論。《論語小語》此書非解《論語》之作，乃引《論語》解我之說〔註6〕。《何劭公論語義》一卷，刺取何休《公羊解詁》引《論語》之文，以求何休《論語注》之義。另有《群經平議》三十五卷、《諸子平議》三十五卷、《第一樓叢書》三十卷、《曲園雜纂》五十卷，……以及叢鈔、雜文、詩編、詞錄、隨筆尺牘等，總稱爲《春在堂全書》共二百五十卷〔註7〕。

貳、《何劭公論語義》之著作動機

俞樾於《何劭公論語義》序曰：

> 《後漢書》稱何劭公作《春秋公羊解詁》，又注《孝經》、《論語》，今《公羊解詁》存，而《孝經》、《論語》注無傳。惟虞世南《北堂書鈔》引何劭公曰：「君子儒將以明道，小人儒則衿其名。」此《論語注》之僅存者，武進劉氏逢祿於千載之後，拾遺補闕，成《論語述何》一卷，然其實不過以《春秋》說《論語》而於何注固無徵也。愚謂何氏《公羊解詁》引《論語》文極多，是何氏《論語注》雖亡，而遺說故猶見於《公羊解詁》中，

〔註3〕沈雲龍主編《清代七百名人傳》，第四編學術〈樸學〉，頁655，台北：文海出版社，1973年12月初版。

〔註4〕《清史稿校註》，卷四八九，頁11122，台北：國史館，1990年2月初版。

〔註5〕繆荃孫〈翰林院編修俞先生行狀〉，《續碑傳集》，卷七五，頁18，台北：明文書局，1986年1月初版。

〔註6〕參考張清泉《清代論語學》頁62、64、147、235，逢甲大學中國文學研究所碩士論文，1992年6月。

〔註7〕參考徐世昌《清儒學案》，卷一八三，頁2，台北：世界書局，1979年4月3版。

欲求何氏《論語》義，舍此何哉！因刺取其文以存何義。

由俞氏之序言，可知其以何休曾注訓《論語》，並視《北堂書鈔》所引「君子儒將以明道，小人儒則衿其名。」一條爲何氏《論語注》之僅存者。對於劉逢祿所著之《論語述何》，俞氏認爲僅以《春秋公羊》思想解說《論語》，並未探及何注之原貌。

俞氏以何休《論語注》雖已亡失，然因《公羊解詁》引《論語》之文甚多，故存何氏注訓《論語》之義，於是收錄《公羊解詁》引有《論語》者，並欲從中求得劭公《論語》之義。

第二節　《何劭公論語義》析論

俞氏《何劭公論語義》之作僅一卷，著作之法相異於劉逢祿、宋翔鳳、戴望競相以《公羊》傳注說《論語》，而類同於劉恭冕《何休注訓論語述》之作，但僅以《公羊解詁》中引有《論語》文句者，輯而成書，凡四十則，次序亦依《論語》篇章爲之，或附按語或無之，其中附按語者九則，多爲考述何休引證《論語》之意旨，或申明徐彥之疏以附和何氏之說。無按語者有三十一則，皆摘錄何氏《公羊解詁》之文，以存其實。本文即依《公羊傳》之次第，將俞氏按語處，逐一作分析：

△　葉公問政於孔子，孔子曰：「近者說，遠者來。」

隱公元年經：「九月，及宋人盟於宿。孰及之，內之微者也。」《解詁》曰：「不名者，略微也。大者正，小者治；近者說，遠者來。成十五年（俞氏原作「十六年」，今據《十三經注疏》本改作「十五」。）《解詁》引此文。詳見成公十五《解詁》之文。」俞樾《何劭公論語義》按曰：

> 據成十五年，所引作葉公問政於孔子，孔子曰：「近者說，遠者來。」疑
> 今本有闕文，蓋問者非門弟子，例書孔子也。（頁8）

俞氏以《公羊傳》成公十五年，何氏之注引《論語》，於「問政」下有「於孔子」三字，惟今本作「葉公問政。」故疑今本有闕文，俞氏認爲因問者非孔門弟子之故，所以例書「孔子」。然崔述《洙泗考信錄》言：

> 《論語》記君大夫之問，皆但言「問」，不言「問於孔子」。後十篇中，〈先進〉、〈子路〉兩篇亦然。獨〈顏淵〉篇三記季康子之問，皆稱「問於孔子」，齊景公之問政亦然。〈衛靈公〉篇靈公之問陳亦然。〔註8〕

〔註8〕引見崔述《洙泗考信錄》，卷四，頁28，收錄於《崔東壁遺書》，台北：河洛圖書出版社，1975年9月初版。

觀〈顏淵〉篇「齊景公問政於孔子」、「季康子問政於孔子」;〈衛靈公〉篇「衛靈公問陳於孔子」皆作「問於孔子」。至於答門人之問,亦稱「問於孔子」,如〈憲問〉篇有「南宮适問於孔子」;〈堯曰〉篇亦有「子張問於孔子」,此一現象,或可歸之於《論語》之編纂原不出於一人之手,乃多人合輯而成,是以文體不免有參差互異的情況。

　　另者,陳立《公羊義疏》亦言:「今本無『於孔子』,蓋以意足之也。」其意乃以「於孔子」爲增飾其辭之故,陳立之言,可聊備一說。可見《論語》書「問於孔子」,實非關乎孔門弟子之故。因此,俞氏以「問者非門弟子,例書孔子。」之說,非爲《論語》書法之恆例,其說恐爲牽附何氏《公羊解詁》所引《論語》之文而已。俞氏《何劭公論語義》按曰:

> 大者正,小者治,二句未詳所出,疑即季康子問政一節,相承之師說。故成十五年《解詁》即并季康子節引之。(頁8)

隱公元年《公羊解詁》:「大者正,小者治。」二句,俞氏雖未詳其所出,然將「大者」解爲在上位者,「小者」解爲在下之臣民,疑與《論語》「季康子問政於孔子,孔子對曰:『政者,正也。子帥以正,孰敢不正?』」爲相承之說,故認爲《公羊解詁》於成公十五年除引〈子路〉篇「葉公問政」章外,亦并引〈顏淵〉篇「季康子問政」章。可知,俞氏之言乃以《公羊解詁》「大者正,小者治;近者說,遠者來。」作爲其論說之依據,雖然「大者」、「小者」含有上下、貴賤、尊卑之義〔註9〕,但若以此便推論與季康子問政一節爲相承之說,恐有牽附何氏《公羊解詁》之嫌。

△　犯而不校。

　　隱公十年經:「春,王二月,公會齊侯、鄭伯于中丘。」《解詁》曰:「月者,隱前爲鄭所獲,今始與相見,故危。錄內,明君子當犯而不校也。」俞樾《何劭公論語義》按曰:

> 徐彥疏曰:「謂校接之交,不謂爲報也。」然則何氏讀校爲交與包注異(頁4)。

何氏引「犯而不校」,乃出於《論語·泰伯》篇,此章原爲曾子稱讚顏淵之德行,包咸注云:「校,報也。言見侵犯不報。」徐彥疏認爲《公羊解詁》所引之「校」字不作「報」而當爲「交接」之義,頗符《公羊解詁》之義,因之,劭公引「犯而不校」藉以說明隱公曾於狐壤之役爲鄭所獲,當生戒心,不應再復與鄭交接。俞氏承徐彥

〔註9〕陳立《公羊義疏》云:「《繁露·爵國》云:『大功德者,受大爵士;小功德者,受小爵士。大才者,執大官位;小才者,執小官位。如其能宣,治之至也。』又〈奉本〉云:『禮者,繼天地體陰陽,而慎主客、序尊卑、大小之位,而差內外、遠近、新舊之級者也。』」卷三,頁14。《皇清經解續編》本,台北:藝文印書館。

之說而認爲何氏亦讀「校」爲「交」與包咸注相異，實爲其欲申明徐彥之疏，以闡附何氏《公羊解詁》之意。

△　放正聲，遠佞人。

　　莊公十七年經：「齊人執鄭瞻」《解詁》曰：「爲甚佞，故書惡之。所以輕坐執人也，然不得爲伯討者，事未得行，罪未成也。孔子曰：『放鄭聲，遠佞人。』罪未成者，伯當遠之而已。」俞樾《何劭公論語義》按曰：

　　　　徐彥疏曰：「或何氏云：『鄭聲淫』，與服君同，皆謂鄭重其手而音淫過，
　　　　非鄭國之鄭也。」何注久亡，無可考，姑存其說。（頁9）

何氏所引乃出自《論語・衛靈公》篇，原指鄭地聲樂淫亂無禮，佞人鬥亂壞家邦，故宜放遠之。何氏引之，以言鄭瞻罪雖未成，然因佞人殆，故桓公身爲霸主，自當遠佞人。俞氏以何休《論語注》亡佚已久，其說鄭聲之義已無可考，遂藉引徐疏之說以明何氏之意。

△　孔子曰：「君子有九思，視思明，聽思聰，色思溫，貌思恭，言思忠，事思敬，
　　疑思問，忿思難，見得思義。」

　　莊公三十二年《傳》：「季子曰：『夫何敢？是將爲亂乎？夫何敢？』」《解詁》曰：「在言乎何敢者，反覆思惟，且欲以安病人也。下引此章文。」俞樾《何劭公論語義》按曰：

　　　　古人之辭，凡極言其多者曰九，如叛者九國，反者九起，皆是也。君子有
　　　　九思，止是極言其反覆思惟耳，既有九思之目，因姑舉九事以實之，非以
　　　　此盡君子之思也。何注雖亡，即其所引，可見其善會聖言矣。（頁11）

何氏引自《論語・季氏》篇，此章原指君子有九種事，當用心思慮，使合禮義。劭公引之，用以形容季子的反覆思惟，並藉以安慰重病的莊公。俞氏認爲「九」乃古人之辭，表示極多之習慣量詞，因之，「九思」即有反覆思惟之義，而言其九事者，乃因有「九思」之名，故舉視、聽、色、貌、言、事、疑、忿、得等九事以稱說之，非言君子所思惟僅此九事而已。故俞氏以爲何氏《論語注》雖已亡佚，然從《公羊解詁》所引者，仍可見劭公之善解聖人之言。

△　爲之難，言之得無訒乎。

　　宣公八年經：「冬，十月己丑，葬我小君頃熊。雨，不克葬。庚寅，日中而克葬。」《傳》：「而者何？難也。乃者何？難也。曷爲或言而或言乃，乃難乎而也。」《解詁》曰：「言乃者，內而深。言而者，外而淺，下昃日佚久，故言乃，孔子曰：『其爲之也難，言之得無訒乎？』皆所以起孝子之情也。」俞樾《何劭公論語義》按曰：

何所引多「其」、「也」二字。(頁6)

何氏引出於《論語・顏淵》篇，唯今本《論語》無「其」、「也」兩字，而作「爲之難」，俞氏於此僅相較何氏所引者與今本《論語》之差異，除此並未多作說明。

△ 知和而和，不以禮節之，亦不可行也

宣公九年經：「春，王正月，公如齊。」《解詁》曰：「月者，善宣公事齊合古禮，卒使齊歸濟西田；不就十年月者，五年再朝，近得正。孔子曰：『知和而和，不以禮節之，亦不可行也。』明雖事人，皆當合理。」俞樾《何劭公論語義》按曰：

據此則此章乃言諸侯交際之禮，上文小大由之，小謂小國，大謂大國，言
小國、大國皆當以禮相接也。(頁1)

何氏所引出自《論語・學而》篇，原爲「有子」之言，劭公將其歸於孔子之說，對此錢大昕《潛研堂文集・問答》篇有云：「漢唐諸儒引用《論語》，雖弟子之言，皆歸之孔子。」〔註10〕另者，程樹德《論語集釋》亦言：「漢人引《論語》多稱孔子，如今人稱莊子、列子之類，不足爲據。」〔註11〕兩者之看法頗相似，可知劭公將「有子」，書爲「孔子」，或依當時之慣例使然。

《論語》此章原爲有子曰：「禮之用，和爲貴。先王之道，斯爲美。小大由之，有所不行。知和而和，不以禮節之，亦不可行也。」乃說明禮樂之用，相互需調始可爲美。劭公引之以美宣公事齊能合於禮，故經書「月」，表稱善之義。俞氏則據《公羊解詁》之文，而推論《論語》此章乃言諸侯交際之禮，故將「小大」解爲「小國、大國」，謂小國、大國皆當以禮相接，以合《公羊解詁》上下之文意。俞氏之說與歷來注家之解不同〔註12〕，雖是別爲一解，仍爲闡附何氏《解詁》之意。

△ 子絕四，毋意、毋必、毋固、毋我。

昭公十二年傳：「春，齊高偃帥師納北燕，伯于陽者何？公子陽生也。子曰：『我

〔註10〕引見錢大昕《潛研堂文集・問答六》篇，錢氏並舉證之，如：《漢書・藝文志》引小道可觀；《後漢書・章帝紀》引博學篤志；王充《論衡》引生死有命，皆以子夏之言歸於孔子，《宋書・劉延孫傳》贊引事君數斯疏矣，以子游之言爲孔子等，皆此類現象，何氏所引亦當如是。卷九，頁127，上海：古籍出版社，1989年11月初版。

〔註11〕引見程樹德《論語集釋》，卷二，頁47，《新編諸子集成》(第一輯)，北京：中華書局，1990年8月第1版。

〔註12〕皇侃《論語義疏》解「小大由之，有所不行。」句云：「若小大之事，皆用禮而不用和，則於事有所不行也。」卷一，頁10，《叢書集成初編》本，北京：中華書局，1985年新版。邢昺疏：「言每事小大皆用禮，而不以樂和之，則其政有所不行也。」卷一，頁7，《十三經注疏》本。兩者皆將「小大」解爲「小事、大事」之義，不同於俞氏所言。

乃知之矣。』在側者曰：『子苟知之，何以不革？』曰：『如爾所不知何？』《解詁》
曰：「此夫子欲爲後人法，不欲令人妄億錯，子絕四：毋意、毋必、毋固、毋我。」
俞樾《何劭公論語義》按曰：

據此則何氏讀意爲億，毋意謂不億度也。孔子曰：「不億不信。」（頁 5）

「意」與「億」之關係及所引「毋意」一辭之論述，可見本文第六章，第二節
劉恭冕《何休注訓論語述》評析部分。可知，俞氏之言亦同於劉氏之說，兩者皆爲
善解何氏之義而作。

△ 謹權量，審法度，脩廢官，四方之政行焉。

昭公三十二年傳：「冬，仲孫何忌會晉韓不信、齊高張、宋仲幾、衛世叔申、鄭
國參、曹人、莒人、邾婁人、薛人、杞人、小邾婁人，城成周。」《解詁》曰：「書
者，起時善，其修廢職，有尊尊之意也。孔子曰：『謹權量，審法度，脩廢官，四方
之政行焉。』」俞樾《何劭公論語義》按曰：

何氏解此文，蓋以爲王政之行於諸侯者，亦猶《虞書》同律度量衡，《周
禮》同度量脩法則比之，故曰尊尊之意也。（頁 13）

何氏所引孔子之言見於《論語・堯曰》篇，此句原指二帝三王所行政法。《公羊解詁》
引之乃因「正欲起其當時之善故也。何者當是之時？天子陵遲，諸侯奢縱，忽能脩
其廢職，有尊尊之心，是以書見。」〔註13〕俞氏則認爲何氏引《論語》此文，乃欲
明王政之行於諸侯者，在於同權量法度，故舉《虞書・堯典》同律度量衡與《周禮・
大行人》同度量脩法則比之，以證何氏起善時，修廢職之義，故俞氏之言欲以詮何
氏之說。

△ 冉有曰：「夫子爲衛君乎？」子貢曰：「諾，吾將問之。」入曰：「伯夷、叔齊何
人矣？」曰：「古之賢人也。」曰：「怨乎？」曰：「求仁而得仁，又何怨？」出
曰：「夫子不爲也。」

哀公三年經：「三年，春，齊國夏、衛石曼姑，帥師圍戚。」《傳》曰：「齊國夏
曷爲與衛石曼姑帥師圍戚。伯討也。」又曰：「然輒之義可以立乎？曰：可，其可奈
何？不以父命辭王父命，以王父命辭父命，是父之行乎子也；不以家事辭王事，以
王事辭家事，是上之行乎下也。」《解詁》曰：「雖得正，非義之高者也。下引此章
文」俞氏按曰：

輒於法雖當立，然其立也，究所謂不順乎人心者，而公羊子極許之，謂其
以王父命辭父命，以王事辭家事，如其言輒無罪矣。故何氏復引《論語》

〔註13〕徐彦《公羊注疏》，卷二四，頁 21，《十三經注疏》本，台北：藝文印書館。

此文以補救之，世謂何氏爲《公羊》罪人，斯言爲允。（頁5）

何氏所引出自《論語‧述而》篇，蓋爲說明輒之立雖合於法，然因父子爭國，終非義之高者，故何氏引《論語》此文乃爲圖補救《公羊》傳義之不足。然公羊子之義，實稱許輒以王父命辭父命，以王事辭家事，可知何氏之注乃悖於《公羊傳》義，故世雖稱何氏爲《公羊》罪人，由俞氏之言則顯示其深解劭公之意旨。

總結本章而言，俞樾性情恬淡、清廉，生活樸實篤厚，其治學乃以經學爲主，宗高郵王氏父子，而有《群經平議》、《諸子平議》、《古書疑義舉例》諸書，曾與宋翔鳳交游，而得聞《公羊》學說，然因其學無常師，故於諸經皆有纂述，可謂爲一家之學，其爲學乃兼治漢、宋並右《公羊》，主張通經致用，以形上、形下之學並重，深刻體認中、西學的體用關係。自少即有著述之志，中歲以後，纂述尤勤，說經之作甚多，而於《易》尤深，學識廣博，旁及百家，著述閎富，同光之間蔚爲東南大師。其《何劭公論語義》之作乃欲由何氏《公羊解詁》所引《論語》者，取探何氏《論語》義，是書篇幅短小，大多摘錄《公羊解詁》原文，乃爲纂輯之作，全書僅十條案語，是爲俞樾或旁援諸書以證何氏之義，或自下己意，以闡發何氏之說，或爲申明徐彥之意而作，綜觀全書存錄之功多，而發明之功少，實可見其護存何劭公《論語》義之用心。

第八章　康有爲《論語注》研究

第一節　康有爲及其《論語注》著作動機

壹、生平略傳

　　康有爲生於清咸豐八年（西元 1858 年）；卒於民國十六年（西元 1927 年），原名祖詒，字廣廈，號長素，又號更生，復辟失敗後，改號爲更甡，晚年又自號爲天游化人，廣東省南海縣人。其先祖爲廣東有名之望族，世以理學傳家，曾祖式鵬承繼家學，講學於鄉，然不再固守程朱學派，亦尊崇劉宗周。祖父贊修爲連州教諭，篤守程朱之學，其長子達初即有爲之父，授業於朱次琦，爲江西補用知縣，於同治七年去世，此時康有爲僅十一歲。母親勞氏則撫育有爲、廣仁兩兄弟。由於父親早逝康氏少年時代即追隨祖父讀書，以舉業爲重，贊修不但指導康氏讀書，且對其人格影響亦大。

　　康氏七歲即有志於聖賢之學，開口常言「聖人爲」、「聖人爲」，因之，里黨戲稱爲「聖人爲」。十四、十五歲兩次應童試皆落第，十九歲鄉試亦不中，同年師事朱九江，朱氏爲粵中大儒，治學以宋明爲根柢，以研究中國史學、歷代政治沿革之得失，最有心得，著書甚多〔註 1〕。康氏游於門下，故其理學、政學之基礎，皆得之於九江，然九江之理學以程朱爲主，而兼採陸王，康氏則獨好陸王，以爲直捷明誠，活潑有用，又康氏對於九江教授他讀韓、柳文章，頗持不滿之態度，其謂：「昌黎道術淺薄，以至宋明國朝文章大家鉅名，探其實際皆空疏無有。」〔註 2〕而認爲盡日埋

〔註 1〕參考梁啓超〈康南海傳〉附錄於蔣貴麟主編《康南海先生遺著彙刊》冊二二，台北：
　　　　宏業書局，1976 年 9 月初版。
〔註 2〕康有爲《康南海自編年譜》（外二種），頁 18，北京：中華書局，1992 年 9 月第 1 版。
　　　　凡下文所引《康南海自編年譜》者，出處同此，故僅明其頁數。

首故紙堆中，實汨滅人的性靈，故漸厭之，因而絕學捐書，代之以靜坐養心，至此與尚躬行、惡禪學的九江學風，已大異相離，故於二十一歲時離開九江。光緒五年正月入樵山，居白雲洞，潛心佛典，欲藉由打坐而得到各種體悟。

康氏二十二歲時，會晤了在北京作編修的張延秋，從而得知京朝風氣、近代人才與道、咸、同三朝掌故，因之，康氏於《康南海自編年譜》言：「吾自九江先生，而得聞聖賢大道之緒；自友延秋先生，而得博中原文獻之傳。」（頁9）由此而萌發康氏經營天下；哀物悼世之志。其後又遊歷香港，親見英國所建立的殖民地秩序，始知西洋人治國有法，不可視爲夷狄之邦。此後數年，康氏一面在傳統知識中求進展，研讀經史及當代政治文獻，另方面則大量購閱西書〔註3〕，混合中西之學的結果，遽然擴展了他中學儒、墨、佛的思想與西方自然科學知識的領域。

康氏二十七歲，還鄉居澹如樓，澄絕萬緣，所悟日深，悟宇宙齊同之理，推太平之世，認爲宇宙之道以元爲主體，以陰陽爲用，思考宇宙變遷、人體魂魄轉變、生死輪迴等問題，擴展其「日日以救世爲心；刻刻以救世爲事。」的熱忱與襟懷，此種救世思想，乃對其日後政治與哲學之基礎，不無重要的影響。

二十八歲時，從事算學以幾何著《人類公理》，乃爲《大同書》之雛型。次年作《康子內外篇》，內篇言天地人物之理；外篇言政教藝樂之事，由而得知其思想可分爲兩方面，其一爲理想的一面「世界大同」，另有現實的一面「政治革新，拯救中國」。

康氏三十一歲，趁入京應試之機會，第一次向光緒皇帝上書，提出「變成法」、「通下情」、「愼左右」的政治主張，上書萬言欲挽救國家危亡，然未能達於內宮。翌年初，康氏於廣州會遇廖平，廖平對於康氏由古文經學轉向今文經學，並對古文經學抱持懷疑的態度，具有決定性的影響，此亦奠下康氏往後的思想方向與學術立場。

康氏三十四歲，於廣州省城長興里，萬木草堂講學，得陳千秋、梁啓超等人之助，完成《新學僞經考》，指出秦焚書，六經未嘗亡缺，漢古文經乃劉歆所僞撰竄亂，此書一出即被指爲惑世誣民，三年後，則遭受焚毀的命運。光緒二十二年完成的《孔子改制考》則敘諸子皆爲創教託古改制，孔子爲之首，爲制法之王，此書亦在政變後遭禁止。此二書是康有爲在戊戌變法前，兩本最重要的著作，並非一般考辨的專著，而是爲其政治革新找到新的學理根據，並提出改制變法的理論著作。康氏正值

〔註3〕據康有爲《康南海自編年譜》所載：光緒六年，二十三歲治《公羊》學；光緒七年，讀《唐宋史》、補溫《北魏宋齊梁書》、兼涉《叢書》、《傳記》、《經解》等書；光緒八年讀《遼金元明史》及《東華錄》以爲日課；光緒九年讀《大清會典則例》、《十朝聖訓》，購《萬國公報》，大攻西學書，聲光化電及各國史志，皆涉焉。光緒十年，讀佛典頗多，上自婆羅門，旁收四教，兼爲算學，涉獵西學書。頁10～12，北京：中華書局，1992年9月第1版。

民族危機日益嚴重時，從中國傳統文化與西方哲理，汲取了所需的思想觀念，創立變法維新的理論，此在當時的歷史環境下，自是有其積極性的作用。

康氏三十八歲至四十一歲，是其從事政治改革活動時期，光緒二十一年（西元 1895 年），康氏至北京得知中日議和，割地賠款之事，乃發動有名的「公車上書」，及一連串的書面陳議，但仍受阻撓，未達光緒帝前，其後並成立強學會、保國會以及中外紀聞的發行，終蒙光緒皇帝召見，康氏即奏請國是，致光緒帝下詔變法，而開啟百日維新的政治改革，然亦導致以慈禧太后為中心的保守派發動政變，即為光緒二十四年的歷史事件「戊戌政變」。因之，新政只實施百餘日，未見具體成效。

康氏四十一歲至五十六歲，是海外流亡期。其流亡日本時，組織保皇黨，從事勤王立憲活動，繼續推行維新運動。

四十三歲，康氏勤王失敗後，移居檳榔嶼，次年又移居印度大吉嶺，此時期乃以著作為主，完成了五部經書的研究：《中庸注》、《論語注》、《大學注》、《孟子微》、《禮運注》等五書，此乃康氏經由研治古經、佛學、西學，以及流亡改革之餘，企圖重建儒學的成果〔註4〕，並著有《春秋筆削大義微言考》。

四十五、四十六歲年間，又完成《官制議》，此書可為當時中國官制改革最有系統的書，至四十七歲開始，康氏大半在遊歷中，足跡以遍歷美、歐、非、亞四州，並著有遊記二十餘種。

民國二年，康氏五十六歲，回歸故國，推行孔教運動，主張以孔教救國，批評國民政府，期望恢復傳統秩序，而導致民國六年（西元 1917 年）的復辟運動，然終歸失敗。民國成立之前，康氏以君主立憲為政治主張，被稱之為改革派；民國之後，則以虛君共和為其政治理念，而被視為保守派。其政治立場雖未丕變，然時代之批判卻大相逕庭。復辟事件失敗後，此時康氏已六十歲，雖亦關心國事，但在政治上已無實質力量，故於六十九歲在上海創辦天游學院，講論天人哲學，其最後的著作《諸天講》即完成於此時，西元 1927 年，康氏七十歲逝世於青島，結束其起伏多變的一生。

貳、康有為《論語注》之著作動機

清光緒二十八年壬寅（西元 1920 年）三月間，康氏《論語注》完成，并為之作序〔註5〕。從序文可見其著作動機，及對孔學之觀念。

〔註 4〕此處參考蕭公權《康有為思想研究》頁 74，台北：聯經出版公司，1988 年 5 月初版。
〔註 5〕同註 2，見康同璧《南海康先生年譜續編》，頁 94。

一、《論語》為曾子之學非孔子之道

　　康氏以爲《論語》二十篇，乃「記孔門師弟之言行，而曾子後學輯之。」，並反駁鄭玄以仲弓、子游、子夏撰定《論語》之說〔註6〕，其《論語注・序》認爲：

> 稱諸弟子或字或名，惟稱曾子稱子，且特敍曾子啓手足事，蓋出於曾子門人弟子後學所纂輯也。夫仲弓、游、夏皆年長於曾子，而曾子最長壽，年九十餘，安有仲弓、游、夏所輯，而子曾子，且代曾門記其啓手足耶？（頁1）

康氏之言或承柳宗元之說而來〔註7〕，兩者皆以《論語》尊稱曾參爲「子」，又記載曾子將老死啓手足之事，進而判定《論語》乃曾子門人所纂輯。康氏又以《論語》既輯自曾門，且所輯曾子之言十八章，皆「約身篤謹之言」，而觀曾子臨歿時「鄭重言君子之道，而乃僅在顏色容貌辭氣之粗，及啓手足之時，亦不過戰兢於守身免毀之戒（《論語注・序》）。」故認爲曾子之學僅專主「守約」，譬之禪家嚴謹若神秀，並贊同葉水心所言「曾子未聞孔子大道。」〔註8〕之說，將孔子之道不顯揚，歸之於曾子未能發明孔子至仁與太平之道的結果。曾子學術既然如此，則「其門弟子之宗旨意識亦可推矣。」康氏以爲孔子道大；孔門學術如此深博，而曾門弟子之學識狹隘，僅傳「守約之緒言，少掩聖仁之大道。」猶使「僬佼量龍伯之體，令鄙人數朝妙之器」，曾學未能弘揚孔教，卻操採擇輯纂之權，故康氏譏其「必謬陋粗略，不得其精盡。」由康氏對曾門學派的種種批判觀之，此乃涉及其對孔學傳承與規模的看法。康氏《論語注・序》陳述孔門各弟子之學曰：

> 自顏子爲孔子具體；子貢傳孔子性與天道；子木傳孔子陰陽；子游傳孔子大同；子思傳孔子中庸；公孫龍傳孔子堅白；子張則高材奇偉。……今以《莊子》考子貢之學；以《易》說子木、商瞿之學；以《禮運》考子游之學；以《中庸》考子思之學；以《春秋》考孟子之學；以《正名》考公孫

〔註6〕陸德明《經典釋文・論語音義》引鄭玄云：「仲弓、子游、子夏等撰。」卷二四，頁1359，《叢書集成初編》本，北京，1985年新一版。

〔註7〕柳宗元謂：「孔子弟子，曾參最少，少孔子四十六歲，曾子老而死；是書記曾子之死，則去孔子遠矣。曾子之死，孔子弟子略無存者矣。吾意曾子弟子之爲之也；且是書載弟子必以字，獨曾子、有子不然。」《柳河東集・論語辨》，卷四，頁7，台北：台灣中華書局，1992年1月2版二刷。

〔註8〕康有爲《論語注・序》言：「宋葉水心以曾子未嘗聞孔子之大道，殆非過也。」又曰：「葉水心謂：『曾子沒時，亦以動容貌、正顏色、出辭氣、啓手足爲自省，蓋終身力行守約而未聞孔子大道。』」卷一，頁5，《無求備齋論語集成》本，台北：藝文印書館，1966年10月影印出版。凡下文所引康有爲《論語注》者，出處同此，故僅標明其卷數、頁數。

龍之學；以《荀子》考子弓之學，其精深懷博，窮極人物本末大小精粗，

無乎不在，何其偉也。（頁 1）。

由而得知康氏以孔子學問精博廣奧，已統合先秦諸子之學，其各家弟子僅能承其一、二，終未能窺得全貌。康氏既以《論語》爲曾門後學所輯纂而成，故於《論語注‧序》曰：「《論語》之學實曾學也，不足以盡孔子之學。」康氏以曾學守約有餘，而擴充不足，又謂：「當其時，六經之口說猶傳，《論語》不過附傳記之末，不足大彰孔道。」（頁 1～2）康氏視《論語》僅爲曾門弟子記載孔門師弟子之言行，實不足以彰顯孔學。由而觀之，康氏屢屢抑貶曾學即愈益提升孔學的價值，而《論語》雖非六經，仍然視爲六經附庸的地位，並未輕忽之。

二、歷代《論語》傳承之混亂

就《論語》本身之傳承而言，曾子傳教於魯地，其所傳當以《魯論》爲本，而至張禹理當傳《魯論》，然因晚年又講《齊論》，最後合而考之，爲《張侯論》，故康氏認爲《齊》、《魯》論之亂，始自張禹。且自西漢後，經學有今古文之分，劉歆助王莽篡位而纂亂經典，康氏對此加以抨擊，其於《新學僞經考》言：

王莽以僞行篡漢國；劉歆以僞經篡孔學。二者同僞，二者同篡。……歆既獎成莽之篡漢矣，莽推行歆學，……立諸僞經於學官，莽又獎成歆之篡孔。……至於後世，則王新之亡久矣，而歆經大行，其祚二千年，則歆之篡過於莽矣。〔註9〕

康氏將後世經籍之僞亂均歸於劉歆的過失，因而認爲「凡後世所指目爲『漢學』者，皆賈、馬、許、鄭之學，乃新學，非漢學也；及宋人所尊述之經，乃多僞經，非孔子之經。」〔註10〕由於劉歆僞亂聖籍，以僞經奪眞經，致使公、穀《春秋》，焦、京《易說》亡佚，今學盡失，諸家之論亦遭掩滅，太平、大同、陰陽之說皆湮沒，於是孔子大道掃地盡矣。《論語》亦不免遭受竄亂的命運，康氏《論語注‧序》謂：

劉歆僞古文《論語》，託稱出孔子壁中，又爲傳託之孔安國，而馬融傳而注之，云多有兩〈子張〉篇，……凡二十一篇，篇次不與《齊》、《魯》同，桓譚《新論》謂文異者四百餘字，然則篇次文字多異，其僞託竄亂當不止此矣。（頁3）

康氏之意乃認爲劉歆之古文《論語》，經其竄改僞作已非《論語》本然之面目，再者，東漢末鄭玄以《張侯論》爲本，參考《齊》、《魯》與《古論》合而爲注，擇其善者

〔註9〕語見康有爲《新學僞經考》〈漢書劉歆王莽傳辨僞〉，頁143。台北：世界書局，1969年，5月再版。

〔註10〕同前註，《新學僞經考‧序目》，頁3。

而從之，致使《論語》眞僞混淆，已不可復識。

康氏除認爲曾門之書爲劉歆僞學所亂，使孔子之道更益雜屬外，對於何晏《論語集解》康氏《論語注・序》亦評爲「並採九家，古今雜沓，益無取焉。」宋代學者言性理之學，雖「復出求道，推求遺經，而微言大義無所得，僅獲《論語》爲孔子言行所在，遂以爲孔學之全，乃大發明之。」由此以見，康氏將宋學視爲僅得孔子言行之理，於微言大義無所發明，而對於朱子所發明的《論語》之義，雖稱其「爲意至精勤」，然由於「誦於學官至久遠」，因之，康氏認爲《論語》自來即爲曾、朱二人之學〔註11〕，其雖非抑貶曾、朱之意，康氏仍不免有所慨歎，其《論語注・序》曰：

> 惜口說既去，無所憑藉，上蔽於守約之曾學，下蔽於雜僞之劉說，於大同
> 神明仁命之微義，皆未有發焉。（頁3）

《六經》口說之義早已不傳，《論語》更無所憑藉，其先乃由曾子傳守約之學，而後又因劉歆雜亂作僞，致使孔子微言大義，無所發明，《論語》歷經各家傳承損益，實已混亂而非原貌，此乃萌發康氏爲《論語》作注之動力。

三、對《論語》之重新詮釋

康氏雖於《論語注・序》中嚴明劃分《論語》與孔學之界線，卻不得不承認《論語》的重要性，除可藉以考察孔門聖師弟子之言論行事外，又以司馬遷撰述《仲尼弟子列傳》所據引者不外《論語》。另者，凡言及人所以修身待人、天下國家之義，其擇精語詳，乃爲其他傳記無所能比，且《論語》流傳甚久遠，其中多孔子雅言，故雖爲《六經》之附庸，亦相輔助之，故康氏認爲千年以來，學子誦讀，以至於天下推施奉行，均以《論語》爲孔教之大宗，其地位已代於六經之上〔註12〕。康氏既已體認《論語》之影響力，則其對《論語》便有重新詮釋的企圖心，其《論語注・序》言：

> 聖道不泯，天既誘予小子發明《易》、《春秋》、陰陽、靈魂、太平、大同
> 之說，而《論語》本出今學，實多微言，所發大同神明之道，有極精奧者。……
> 自《六經》微絕，微而顯，典而則，無有比者。於大道式微之後，得此遺
> 書，別擇而發明之，亦足爲宗守焉。（頁2）

康氏除言及其諸多著作乃承聖道而發外，更將《論語》歸之於今文學，以闡發孔學之微言大義與大同神明之道。因之，康氏爲《論語》作注，其經文乃爲存《魯論》之正，故其所引證則以今學爲本〔註13〕，其目的乃欲「正僞古之謬，發大同之漸。……雖不

〔註11〕同註8，康氏曰：「蓋千年以來，實爲曾、朱二聖之範圍焉。」，頁3。
〔註12〕此處乃參考康有爲《論語注・序》，頁2。
〔註13〕同註8，康氏曰：「以包、周爲今學，多採錄之，以存其舊。……鄭玄本有今學，其

敢謂盡得其眞，然於孔學之大，人道之切，亦庶有小補云爾。」康氏除欲將《論語》回歸於原貌外，更企圖以今文學家之觀點重新詮釋《論語》，使之切於孔子大同之道。

　　綜合上述而言之，尚且無論康氏對《論語》的傳承與對孔學的觀念是否正確，然可見康氏爲《論語》作注，乃欲將《論語》自曾學守約的範疇中跳脫出，並辨正《論語》歷經流傳後，所產生之僞誤與纂謬，欲回歸《論語》之眞貌，更重要的是與其說《論語》乃屬之今文學，無寧說康氏乃企圖強化《論語》與今文經學的關係，並以今文學之觀點重新註解《論語》，是以康氏此書，既不同於一般考注名物訓詁者，亦非客觀疏釋章句之書，自是可見其用心之深矣。

第二節　康有爲《論語注》之三世進化說

壹、三世進化說之淵源

　　康有爲的進化思想源自於中國的儒家經典與西方的進化學說，其於《論語·子罕篇》「仰之彌高」章注云：「今者于《春秋》得元統三世；讀《禮運》知大同、小康；讀《易》而知流變靈魂，生死陰陽。」（卷九，頁7）另者，於《禮運注·序》康氏亦曰：

> 凡齊、魯、韓之《詩》，歐陽、大小夏侯之《書》，孟、焦、京之《易》，
> 大小戴之《禮》，公羊、穀梁之《春秋》，而得《易》之陰陽之變，《春秋》
> 三世之義，曰：孔子之大道雖不可盡見，而庶幾窺其藩矣！惜其彌深太漫，
> 不得數言而賅大道之要也，乃盡捨傳說而求之經文。讀至《禮運》，乃浩
> 然而嘆曰：孔子三世之變，大道之眞在是矣！大同、小康之道，發之明而
> 別之精，古今進化之故，神聖憫世之深在是矣！

由而可知，康有爲三世進化思想的形成，實與《易經》、《春秋》、《禮運》有直接的相關性。康氏變易之思想來自《易經》；三世之說則本之《春秋》；而小康、大同之理想乃源自《禮運》，康氏以爲揉合此三者即爲孔子之道。

　　西方有關進化論的著作約從十九世紀中期便開始零星傳入我國，尤以嚴復所譯赫胥黎（Thomas Henry Huxley）《天演論》最風靡於世，此書乃爲一部闡揚達爾文（Charles R Darwin）進化理論的通俗著作，曾給予中國近代思想界深刻的影響，康氏嘗閱讀此書[註14]，然在此之前，康有爲對於西方的進化學說已有所瞭解，亦曾

合者亦多節取。」頁3。
〔註14〕梁啓超《飲冰室文集》〈與嚴幼陵先生書〉曰：「《天演論》云：……南海先生讀大著後，

於萬木草堂講述過。可知，康氏之三世進化思想，不無受此學說之影響。

貳、三世進化說之理論基礎

　　康氏將《易經》視爲講天道、窮變通之書籍，認爲《易經》之變易思想，乃可作爲孔子改制、損益三代之法、立三統之義的依據，又爲後世足以窮萬變之原則，實具備了孔子之道〔註15〕。對於變易的體認，康氏曾於〈上清帝第六書〉言：「物新則壯，舊則老，新則鮮，舊則腐，新則活，舊則板，新則通，舊則滯，物之理也。」〔註16〕其將「變易」視爲自然的規律，因而以爲人類社會必然「愈改愈進」，已具「進化」之概念，故其《論語注》言：「聖人立教，務在進化。」（卷十七，頁 2）再者，康氏依《春秋》三世之義，謂：「世有三曰亂世，曰升平世，曰太平世。」（卷十三，頁 6）並對於亂世之人與太平世之人的資格迥異，康氏《論語注》曾作說明：

> 若當太平之世，教化既備，治具畢張，人種淘汰，胎教修明，人之智慧淡泊，勇力、藝能、禮樂皆人人完備，……生當亂世，治具未備，科學未張，……蓋亂世人之資格與太平世人之資格迥遠，聖人不得不因時世而節取之。（卷十四，頁 5～6）

太平之世，政教完善，人的內在素質提昇，殊不同於亂世人的氣質，且「進化有次第，方當據亂世時，禽獸逼人，人尙與禽獸爭爲生存。」〔註17〕因之，當迄至太平之世始能具備「人」與「人」之平等；「人」與「物」之平等觀念，康氏《論語注》即言：「不殺眾生之義，亂世升平未能行之，須至人人平等之後，至人物平等之時，太平世之太平，乃能行之。」（卷六，頁 13）由亂世與太平世之差異性，可見康氏以《春秋》三世之義爲愈改愈進者，更於《論語·爲政》篇，子張因三世而推問十世一章之注，呈現其三世進化的基本理論，《論語注》言：

> 《春秋》之義，有據亂世、升平世、太平世，子張受此義，故因三世而推問十世，欲知太平世之後如何也，孔子之道，有三統三世，此蓋藉三統以

　　　　亦謂眼中未見此等人。」冊一，頁 110，台北：台灣中華書局，1960 年 3 月再版。

〔註15〕康有爲〈變則通，通則久論〉曰：「孔子改制，損益三代之法，立三正之義，明三統之道以待後王，猶慮之不足以窮萬變，恐後王之泥之也。乃作爲《易》而專明變易之義，故參伍錯綜，進退消息，觀其會通，以行其典禮。聖人蓋深觀天道以著爲人事，垂法後王，思患而豫防之，孔子之道至此而極矣。」收錄於湯志均《康有爲政論集》，北京：中華書局。

〔註16〕引見康有爲《七次上書彙編》頁 102，收錄於蔣貴麟主編之《康南海先生遺著彙刊》冊十二，台北：宏業書局，1976 年 9 月初版。

〔註17〕引見康有爲《論語注》卷七，頁 11，《無求備齋論語集成》本，台北：藝文印書館，1966 年影印出版。

明三世，因推三世而及百世也，夏、殷、周者，三統遞嬗，各有因革損益，
觀三代之變，則百世之變可知也，……蓋自據亂進為升平，升平進為太平，
進化有漸，因革有由，驗之萬國，莫不同風，……孔子生當據亂之世，今
者大地既通，歐美大變，蓋進至升平之世矣，異日大地，大小遠近如一，
國土既盡，種類不分，風化齊同，則如一而太平矣！（卷二，頁9）

康氏除了援引《春秋》三世之義，以釋子張十世之問外，更強調夏、商、周不僅是
歷史上順序相接的朝代，並於制度上亦是一脈相承的損益更張，此種三代損益的歷
史觀，顯然具進化之思想。因之，由據亂世至太平世的「進化有漸，因革有由」，以
言人道之因革有定則；進化有次第。康氏的三世觀，除言「世有三世」外，另指出
「世有三重」，其《論語注》云：

　　有亂世中之升平、太平，有太平中之升平、據亂，……一世之中，可分為
　　三世，三世可推為九世，九世可推為八十一世，八十一世可推為千萬世，
　　為無量世，太平大同之後，其進化尚多，其分等亦繁，豈止百世哉。（卷
　　二，頁11）

康氏以進化思想，將《春秋》三世中之每一世，逐個加以無窮分解，由一世分為三
世由三世分為九世，由九世分為八十一世，以至於無量世，每一世中均有三世重疊，
交互進化，雖至太平、大同後，仍繼續分有據亂世、升平世，顯示其三世觀乃無窮
無量的分化，而進化之情狀亦無終止，此乃康氏三世進化思想較歷來《公羊》學者
之三世思想所獨特之處。

參、政治與經濟之三世進化

　　康氏於《論語注》認為人類社會之發展乃由「獨人而漸立酋長，由酋長而漸正
君臣，由君主而漸為立憲，由立憲而漸為共和。」（卷二，頁 10）又於《春秋筆削
大義微言考》概言《春秋》一書政體之進化過程，曰：「《春秋》始於據亂，立君主；
中至昇平，為立憲，君民共主；終至太平為民主。」在此康氏將政治體制的演進與
人類社會的發展視為息息相關，其《論語注》言及三世政體之進化型態，曰：

　　政出天子，此撥亂制也，……政在大夫，蓋君主立憲有道謂升平也，……
　　大同天下為公，則政由國民公議，蓋太平制有道之至也。（卷十六，頁 3
　　～頁 4）

康氏根據「三世進化」的觀念，申論其政治進化思想，主張由亂世的君主專政，進
而升平世的君主立憲，再進至太平世的民主政治。在進化過程中，康氏認為太平之
世，各民族當不斷的融合，《論語注》曰：

孔子之爲《春秋》，張爲三世，據亂世則內其國而外諸夏，升平世則內諸
夏而外夷狄，太平世則遠近大小如一，蓋推進化之理而爲之。（卷二，頁
10）

既然太平之世，萬物一體，天下一家，遠近、大小若一，夷、夏之始分，不過於文
明、野蠻之別〔註18〕，故康氏強調夷、夏之分，乃在於文明程度的差異，而此差別
又關係著政治體制的不同，康氏《論語注》曰：

孔子之言夷狄、中國即今野蠻、文明之謂，野蠻團體太散，當立君主專制
以聚之，據亂世所宜有也。文明世人權昌明，同受治于公法之下，但有公
議民主而無君主，二者之治，皆世界所不可少，互有得失，若亂世野蠻，
有君主之治法，不如平世文明，無君主之治法。（卷三，頁3）

康氏認爲亂世野蠻乃採君主專制的政治型態，而太平文明世則去君主專政而採民主
公議，此兩種政治型態雖皆爲人類社會所兼具者，然無君主的共和體制，才是政治
進化的最終理想。此外，經濟的發展，亦隨文明的進步而提昇，康氏《論語注》言：
「世愈文明則分業愈多。」（卷九，頁12）且各行業多成爲大公司，故曰：

平世之大農、大工、大商其一廠一場占地數十里，用人數萬，世愈大同則
各業皆爲大公司，其廠場之地愈大，用人越多。（卷一，頁6）

太平之世帶動了農、工、商業的蓬勃發展，由而得知，文明的發展，除關係著夷、
夏之辨外，亦與政體的型態、經濟的發展有密切的相關性。

肆、三世進化先小康後大同

康氏以《春秋》三世的遞變言「進化」之說，認爲孔子生當據亂之世，而欲達
太平、大同之世，則需因時推導，同類推恩，以先求小康而後漸進大同，其《論語
注》言：

《禮運》小康之義，以正君臣，以篤父子是也。……若夫天下爲公，選賢
與能，人人不獨親其親，不獨子其子，此須待大同之世，苟未至其時，不
易妄行，則致大亂生大禍。（卷十二，頁6）

又曰：

孔子生非平世，躬遭據亂，人道積惡，自人獸並爭之世，久種亂殺之
機，……機械亂種既深，何能遽致太平、大同、自由之域，孔子因時施
藥，必先導之于和順，而後可殺其險機，又必先自其至親，誘其不忍之

〔註18〕康有爲《論語注》言：「萬物一體，天下一家，太平之世，遠近大小若一，其始夷夏
之分，不過文明野蠻之別。」卷九，頁9。

心，然後可推恩同類，以動其包與之愛，故撥亂之法，先求小康而後徐
導大同（卷一，頁3）

可知康氏三世進化思想，乃與時導進，其最終之理想，乃以《禮運》大同之道爲依
歸，故其《論語注》勾繪太平世之情狀曰：

升平世則行立憲之政，太平世則行共和之政，天下爲公，尊賢使能，講信
修睦，人不獨親其親，子其子，老有終，壯有用，幼有長，貨惡棄地，不
必藏于己，力惡不出，不必爲己，人人共之，以成大同。（卷二，頁1）

康氏以《禮運》篇的大同思想注解《論語》，言太平之世，乃天下爲公的大同世界，
然太平世的大同之道，仍須經小康的撥亂世與升平世後，始能達及太平世之大同，
故其《論語注》言：「小康撥亂世，雖變僅至小康升平，小康升平，能變則可進至太
平大同矣。」（卷六，頁11）由此以見康氏乃結合《論語》、《禮運》與《易經》變
異之思想，以言三世之遞進。

對於小康之治與大同之治的差異，康氏於其《論語注》中分別以不同的角度界
定兩者之特質：

（一）康氏《論語注》云：

姓者種族也，百姓猶云萬種，如今之白、黃、黑、棕各種族人也，不分種
族皆與安平，此堯、舜猶病，不能極言其難也。安人小康之治也；安百姓
大同之治也。（卷十四，頁17）

康氏將「姓」解爲種族，故百姓爲世界之萬種族，小康之治僅安人，大同之治則可
安萬種族人，可知康氏已將大同推及於世界各種族，實不同於小康的安人之治。

（二）康氏《論語注》云：

小康之制尚禮；大同之世尚樂，令普天下人人皆敦和無怨，合愛尚同，百
物皆化，《禮運》以爲大道之行也。（卷十七，頁3）

「禮」主別異；「樂」主合同，小康之世「重禮」以節制，大同之世則「尚樂」以求
同，以化萬物。康氏以「禮」、「樂」功用之別，言小康、大同之異。

（三）康氏《論語注》云：

政刑者，小康之治也。……德禮者，太平大同之治也。（卷二，頁2）

小康乃爲據亂世，以政刑爲治之本，大同乃爲太平世，以德禮爲治之本。康氏以所
採用的治法不同，辨別小康與大同。

（四）、康氏《論語注》云：

史闕文者，不敢用己私意穿鑿附會之也，馬借人者，貨惡其棄於地，不必
藏於己也，蓋舊俗淳厚，猶有無我大同之意。孔子歎當時俗薄，史必穿鑿，

馬必自私，蓋有我太多，則可小康而日遠于大同矣！（卷十五，頁 11）

小康之世，人以私心、私意爲多，大同之世則風俗敦厚，人以泯私爲多，故康氏以人心「我」之有無，作爲界定小康與大同相異之處。

（五）、康氏《論語注》云：

> 孔子明人道之公理，貴和親而賤征伐，尊大同而薄小康，舜者天下爲公，選賢與能，大同之道，民主之法也，武王者，作謀起兵，以正君臣，以立田里，世及爲禮，城郭溝池以爲固，小康之道，君主之法也。（卷三，頁 12）

康氏以舜爲大同之道，乃「民主」之法；武王爲小康之道，是「君主」之法，以說明大同與小康在政體上之差異，並以孔子之道爲尊大同而薄小康，作爲政體發展的最終鵠的。

從上述諸例觀之，康氏乃以治理的對象、治理的方式、民心風俗的厚薄，做爲大同與小康的分判，雖崇大同，但仍強調先小康而後始循進大同之境。總之，康氏既對《易經》、《春秋》、《禮運》等儒家傳統經典，有所闡悟，又受西方的進化論之影響，其將中西思想互相交融，進而突破儒家傳統的循環論，始於儒學中重新建立三世進化之思想。

第三節　康有爲《論語注》中「學」之觀念

康氏曾於《萬木草堂口說·荀子》篇云：「性無善惡，善惡者聖人所立也。」又言：「凡論性之說，皆告子是而孟子非。」另於《長興學記》亦言：「告子生之謂性，自是確論，與孔子說合。」可見康氏並不同意孟子性善之說，其將人性視爲與生俱來的自然之性，乃爲人類生理本能，無善惡之分，故貴告子之說，以爲合於孔子之道。康氏既主張性無善無惡之說，故特別強調後天的學習。另者，康氏因身處國家危難中，就其哲學思想觀之，所追求的並非純粹主觀的「尊德行」思想，而爲圖振時勢，康氏所採取的乃較爲實際的「道問學」態度，因之，康氏於《論語注》中提出對「學」的諸多觀念。

壹、「學」爲人與物之別

康氏認爲就人與萬物所秉受的自然之性而言，兩者之本質當是相近而平等的，其《長興學記》言曰：

> 夫性者，受天命之自然，至順者也。不獨人有之，禽獸有之，草木亦有

之。……故孔子曰：「性相近也」。夫相近則平等之謂，故有性無學，人人相等，同是食味，別聲被色，無所謂小人，無所謂大人。有性無學，則人與禽獸相等，同是視聽運動，無人禽之別也。〔註19〕

在天地萬物共同秉受自然之性的條件下，無論人與人、人與萬物均訴諸於感官肢體的活動，並無所分別，若言人與萬物一切的差異，即在於後天的「學」與「不學」，康氏《論語注》言：

生而知之者，晶光如日照燿洞然，……歷世不忘者也。學而知之者，灼爍如電光芒相觸，……觸發如舊者也。困而學之者，然燈爲明亦復能照，……資今培養者也，困而不學，如頑石闇鈍絕無夙根，故與學不入癡愚闇昧，爲民中之下者。然生資者天也，好學者人也，好學則困知與生知，成功如一，蓋同有明德皆可證聖，惟不學則永墮落無從超拔矣。（卷十六，頁 6～7）

因之，康氏雖讚賞生而知之者的「如日照燿」；亦稱美困而學之者的「燈明復照」，並批評困而不學者的「頑石闇鈍」，進而強調人之資質故屬於天所生，然後天的學習則屬於人所能爲，且因「禮樂名物，古今事變亦必待學而後有以驗其實也。」（卷七，頁 9）可知藉由「學」，可徵驗古今名物變遷之理；貫通古今事變之道，故康氏視困知好學者與生而知之者的成就等同，藉以凸顯「學」的實際功能。

貳、「學」爲聖與常之別

　　除人與物的差別在於「學」與「不學」外，聖人與常人之異亦在於「學」之至極與否，康氏《論語注》言：

人與物之異在傳學與不傳學也，聖人與常人之殊，在學之至極與不至也。學之至極則神明變化無方無體，至聖而不可知之，神亦自學來耳。（卷五，頁 14）

康氏鮮明地指出「學」與成聖、成神之道的相關性，因之，人的成就關鍵即在於「學」，而非關乎才質的良美與否，康氏於《論語注》言：

良材美質隨地皆有成就與否，則視學與不學，美質好學則窮極天人而爲神聖，恃質不學則浮沈混濁爲鄉人。（卷五，頁 13）

才質的聰敏可恃而不可恃，當以「學」爲根柢，因此，康氏《論語注》言：「質美而不學即爲其質所蔽，若有仁質者博愛必甚，無學以裁之則可陷可罔，愚而無益。有

〔註19〕康有爲《長興學記》頁 1，收錄於蔣貴麟主編之《康南海先生遺著彙刊》冊十二，台北：宏業書局，1976 年 9 月初版。

知質者則求智必甚，無學以節之則高遠放蕩。」（卷十七，頁6）有仁者之質、智者之質，仍當以「學」爲本，始可無陷於愚罔與放蕩，可知「學」乃具有歸正約束的作用，故康氏自以「少有暇日，必當爲學，以益智養魂。」由此以見，先天的美質必繫於後天的學習，方可有所成就。

　　康氏既然肯定「學」的實用性，因之，其亦認爲「學」乃爲政之基石；治民之根本，其《論語注》曰：

> 蓋治民之法，雖貴於閱歷，先本於讀書，必於政治之學講求已深，然後可
> 出而任政，若未嘗考古今之治法，但資目前之閱歷，則必爲俗吏甚且害民。
> （卷十一，頁11）

康氏認爲治民之法，必須藉由讀書而觀古今之事變以豐富閱歷，爲政者必先熟稔於政治之學，始可爲治民之法，康氏於此點出爲政與學習的相關性，其進一步言：「仕而學則所以資其仕者益深，學而仕則所以驗其學者益廣。」仕與學相輔而成；相互彰顯，因此若「方仕而專事讀書則必曠職叢脞，不學而遽干祿則必覆餗刑凶。」〔註20〕可見其將「仕」與「學」的關係視爲緊密的結合。

　　康氏於《論語注》所提及「學」之含義，除包括上述的「學習」、「讀書」外，其亦將「學」引申釋爲「學校」之義，認爲學校是學習的良好場所，康氏《論語注》謂：

> 學謂學校，凡藝業必合群講習而後精，……君子亦必居學校乃致道也，苟
> 閉門獨學則無講習漸摩之益，則必孤陋而寡聞勤苦而難成，今歐、美百業，
> 必出于學校，蓋深得之矣。（卷十九，頁3）

學非閉門造車，必經由講習而後始可明瞭，此乃欲藉著與群體的磨練砌蹉，以求得專精，學校便是提供彼此實際互動的學習環境，並進而關係著社會百業的蓬勃發展。

參、「學」當與時遞進

　　康氏論學，以儒家思想爲宗門，尊孔子爲宗師，又稱孔子爲時之聖者，故「學」當與時而變異，《論語注》曰：

> 時勢不同則所學亦異，時當亂世則爲亂世學；時當升平、太平則爲升平、
> 太平之學，禮時爲大，故學亦必隨時而後適。孔子爲時聖，學之宗師也。
> （卷一，頁1）

康氏將「學」之進程，配合三世進化說體系，故有「亂世學」、「升平學」、「太平學」，至於三世之學的內容，康氏雖未作詳細說明，然可知其應隨時代之遞進而進化。

〔註20〕引見康有爲《論語注》，卷一，頁7

第四節　康有為《論語注》中「仁」與「禮」之觀念

「仁」與「禮」的觀念是儒家各種道德思想之精華，乃為重要德目，「仁」是指人與人之間關係的總則，「禮」則是指人與人之間關係的規範〔註21〕《論語‧顏淵》篇言：「克己復禮為仁」此句話即說明修養自己的心性，一切以禮為約束遵循之標的，如此就體現仁。一般學者多以康氏的學術成就在於三世進化思想、大同主義、孔子改制等，今文學家之基本議題上發揮，殊不知康氏對於儒家的基本思想「仁」與「禮」亦自成一家之言，其《論語注》中即多次闡述「仁」與「禮」的觀念。

壹、康有為《論語注》對「仁」之觀念

一、「仁」受命於天，為博愛之德

鄭康成於其《中庸注》釋「仁」為「人相偶」之義，康氏與鄭氏雖於今古文立場不同，但於《論語注》亦言：「仁者，人也，二人相偶，心中惻愷，兼愛無私也。」乃承鄭氏之意而來，由述「仁」之相偶，以推及兼愛無私。梁啟超曾在《康南海傳》中，盛讚康氏之哲學為博愛派之哲學，梁氏云：

> 先生之哲學，博愛派哲學也。先生之理論，以仁字為唯一之宗旨，以為世界之所以立，眾生之所以生，國家之所以存，禮義之所以起，無一不本於仁。

可知注重「仁」的觀念，是康氏哲學一顯著特色，其認為孔子以《春秋》之「仁」為天下之大經，故志在《春秋》，可體現天之仁德〔註22〕，雖然孔子之道，千端萬緒，然終歸以仁為本，康氏以「仁」為孔子主要思想，認為孔子雖貴中行，然以志仁為要，以此則可無大弊，康氏《論語注》曰：

> 孔子之道，固貴中行，然亦深取狂狷，但必要之於仁，自無大弊，孔子萬理並發，學者學之，幾不得其門，惟以志仁為主，則無大失。（卷四，頁2）

《論語‧顏淵》篇提及樊遲問「仁」一事，孔子以「愛人」答之。《孟子‧盡心》篇亦言：「親親而仁民，仁民而愛物。」可知「仁」乃指愛人與愛物，康氏《論語注》言：

〔註21〕此處採房德鄰《儒學的危機與嬗變----康有為與近代儒學》第二章〈從古代儒學到近代儒學〉對於儒家所謂「仁」與「禮」的界定。頁103，文津出版社，1992年1月初版。

〔註22〕康有為《論語注》曰：「孔子志在《春秋》，以成其體天之仁，行在《孝經》以成其錫類之孝，故以《春秋》之仁為經，天下之大經，《孝經》之孝，為立天下之大本也。」卷一，頁3。

> 自親親而仁民，自仁民而愛物，凡身行之道，心存之德，皆以仁爲歸，其
> 量無盡，其時無止，永永依之而已，孔子之道德，皆以仁爲主，故歸本于
> 仁也。（卷七，頁3）

可見康氏對「仁」之定義，乃承繼孔、孟而來，其認爲「人道以仁爲本，愷悌慈祥，
和平忠厚，欣喜懽愛，然後可爲人。」人以仁爲本，而仁乃天之所受，故視之爲「天
性之元德」，此乃取董仲舒《春秋繁露・王道通三》篇所言：「人之受命於天也，取
仁於天而仁也。」之意而成，並以之爲創化生機之本源，康氏《論語注》云：「仁者
人也，受仁于天，而仁爲性之德、愛之理，即己即仁非有二也。」（卷七，頁 13）
又謂：「天，仁也。天覆育萬物既化而生之，又養而成之，人之受命于天也，取仁于
天而仁也。」（卷一，頁 2）仁與人不二，故人即爲「仁」，人的仁德取之於天，天
的化生萬物亦爲仁，可知「仁」乃參贊天地化育之元，唯有「仁」才能上通天德，
下達人心，融合天地萬物爲一體，故天與人必需靠仁貫通、聯繫爲一體，以達天人
合一之境。康氏於其《中庸注》中除將「仁」推之於天爲生生之理外；又推之於人
爲博愛之德，故《論語注》言：「仁者，元德博愛，人道之備也。」（卷七，頁15）
其以「仁」爲人道之完備，故側重於社會倫理觀上，以廣博的愛來歸攝「仁」、解說
「仁」，其《論語注》謂：

> 博愛之謂仁，蓋仁者，日以施人民，濟眾生爲事者……孔子以仁爲施濟之
> 理，若能博濟眾生，令一夫無失其所，一物皆得其生，則非徒有仁人之心，
> 必有聖人之才，有聖人之道，神而不測乃可致也。（卷六，頁13）
>
> 仁者無不愛而愛同類之人，……蓋博愛之謂仁，孔子言仁萬殊，而此以愛
> 人，言仁實爲仁之本義也。（卷十二，頁10）

康氏的博愛思想乃以仁爲博濟眾生，將仁視爲愛同類之義，「仁」雖承天命而來，然
因「仁」的無限性，開展了博愛的普及面，使其落實於人世間，具有實質的人本主義
觀念。因之，康氏的博愛觀注重由近推及遠、由小至大的層遞，其《論語注》曰：

> 人與仁通，仁者近之爲父母之難；遠之爲國君之及，大之爲種族，宗教文
> 明之所繫，小之爲職守節義之所關，見危授命則仁成，隱忍偷生則仁喪。
> （卷十五，頁4～5）

「仁」之爲愛雖無異，然隨所施予或運用對象之差等而有遠近、大小、存亡之區別。

二、「仁」內存於人心

康氏既認爲「人與仁通」，「仁與人非二」，故「仁」乃藉著存養而存在於人心中，
不假外求，其《論語注》曰：

孔門教人以求仁爲事，但空言博愛無私，從何下手，故必自道問學、尊德
性先之，此皆學問思辨之事未及乎力行而爲仁，然存養既熟，不求仁而仁
在其中矣。（卷十九，頁 2～3）

孔門之道貴仁，雖由道問學、尊德性入手卻不發乎高蹈空論，乃力求體現爲「仁」，
待至存養既熟，雖不求仁而仁自在其中。康氏更指出「仁爲己有，非由外鑠，況志
之所至，氣亦赴之。」（卷四，頁 4）仁既本存於內心，實可由志之所至，非由外鑠，
因此先「爲仁由己」再求「己立立人，己達達人。」康氏如此的看法與儒家傳統觀
念相同，皆以「仁」爲發於內在心性的愛，發而充之，由親親以至愛全人類，乃歸
之於人的本心。康氏又將對人類生活不可或缺的「水火」與「仁」作比較，以凸顯
「仁」的意義與價值，其《論語注》云：

水火民所賴以生，不可一日無也。於仁亦然，但水火在外，仁則在己，無
水火不過害人之身，而不仁則失其心。蓋人者仁也，不仁則非人矣，故尤
甚於水火而不可須臾離，造次顛沛去者也。況用水火者少誤或至殺人，用
仁則己愛人，人亦愛己，益莫大焉。此生生之公理，無有死者，則人何不
爲仁哉！（卷十五，頁 13～14）

康氏以爲水火乃人類賴以維生的器用，仁亦爲人類生存之必要條件，一者爲身外的
形下之器，一者爲內心的形上之德，因之，無水火不過危及人身而已，若缺少「仁」
則失其心而不得爲人，何況用水火稍有不愼則易殺害生命，而「仁」爲生生之德，
對人類有莫大之助益。

三、「仁」爲諸德之本

既然人的存在以「仁」爲主，「仁」亦爲君子與小人之分野，康氏《論語注》曰：

君子心術固純于仁者，然行事或偶失而爲不仁，亦有之。若小人心術既不
仁則行事即有善行必不得爲仁矣。（卷十四，頁 3）

以心術的「仁」與否，做爲君子的判準，故「君子所以爲君子，以其仁也。」（卷四，
頁 2）仁雖承天命而來，然因人有陰陽之性，進而有好惡之情，因之，人道有仁與
不仁之別〔註23〕，而欲盡好仁、惡不仁則在於智，《論語注》云：

蓋人而不仁其智昏，不能樂天知命，其性貪不能節欲修身，久困必至于濫；
久樂必至驕淫，惟仁者隨遇而安，無入而不自得。知者，知仁之益，因以
爲資，慕善而不易所守，雖安行與困勉不同，而皆不爲外境所奪者，夫人

〔註23〕康有爲《論語注》曰：「夫人道有二，惟仁與不仁，盡之好惡有宜，亦惟好仁，惡不仁。」
卷四，頁 3。

不爲外境所轉者鮮矣！（卷四，頁1）

康氏在此指出「仁」與「智」的關係，其以智者知仁之益，始可節欲修身、樂天知命，爲抵外境之所奪，進而論及「雖仁智雙修而始終于仁，以智輔仁，所以養成人之德。」（卷一，頁7）康氏藉此強調「仁」與「智」的相關性，故有「以智輔仁」之說，並將「仁」視爲善之長，爲諸德行之基本，其《論語注》曰：

> 蓋禮者仁之節，樂者仁之和，不仁則無其本，和節皆無所施，皮之不存毛將焉附。（卷三，頁3）

> 禮尚辭讓，獨至於爲仁之事，則宜以爲己任，勇往當之無所辭讓。（卷十五，頁14）

康氏視「仁」爲禮、樂之本，禮欲施其節，樂欲施其和，皆當以「仁」爲本，即使禮講求辭讓，然以仁爲責任時亦需當仁不讓。又《論語注》曰：「蓋以孝弟發其行仁之始；以汎愛眾極其行仁之終；以謹信肅其行仁之規；以親仁熏其爲仁之習。」（卷一，頁7）孝弟、汎愛眾、謹信等諸德行亦皆以「仁」爲依循之根據，故誨人教人以仁聖之道爲理想〔註24〕。康氏亦曾論及「仁」與「義」之分別，其《論語注》言曰：

> 凡義者過常少，仁者過常多，惟其仁厚太甚，故或蒙恥救民或忘己徇物，不逆詐，不億不信，而任用或誤事不求可功，不求成而機事，或失此皆過也，然而仁矣，故仁愈高者，其過愈奇，……審其過在仁否也。（卷四，頁4）

義者乃在於防制約束，因此可寡過，仁者乃在於擴充推展，且因其性太厚，常以救民忘己爲要，所犯之過雖多，實因行仁之故矣！因之，對於「仁」與「義」的取抉上，康氏認爲「施仁大于守義，救人大于殉死。」可見出「仁」的積極性，與其心量的無私無欲，無所遷累，故言見義必爲〔註25〕。可知，康氏乃將「仁」視爲諸德之冠首。

四、「仁」因三世說而遞進

康氏最後仍將「仁」的推展過程與其三世說相結合，《論語注》曰：

> 孔子立教一切皆以仁爲本。山川、草木、昆蟲、鳥獸，莫不一統，太平之世遠近大小若一，大同之世，不獨親其親，子其子，老有終，壯有用，幼有長，鰥寡孤獨廢疾皆有養，仁之至也。（卷一，頁3）

其認爲孔子以仁立教，宇宙萬物終歸一統，迄至太平世的大同世界後，人類始能將

〔註24〕康有爲《論語注》曰：「仁者元德博愛，人道之備也，爲之謂爲仁聖之道，誨人亦謂以此教人也。」卷七，頁15。

〔註25〕康有爲《論語注》曰：「仁者心無私累，故能見義必爲。」卷十四，頁2。

「仁」完全實現，《論語注》又曰：

> 世有三曰亂世、曰升平世、曰太平世，必撥亂世反之正，升于平世而後能
> 仁，蓋太平世行大同之政，乃爲大仁，小康之世，猶未也。（卷十三，頁6）

因之，就「仁」與「三世」的進化而言，康氏以時間的遞進言「仁」，小康之世雖已能行仁，然仍需至太平世行大同之政後，才可達於仁之極至，即稱之爲「大仁」。由而可見，康氏於此已將「仁」的觀念與《公羊》三世說及《禮運》大同思想相互結合，達於其「仁」論的終極理想。

貳、康有爲《論語注》對「禮」之觀念

一、「禮」以別異

康氏言「仁」爲承天命而來，其視「禮」則爲「天理之節文」，「禮」之爲體雖嚴謹，亦合乎人情之自然，其用可剛柔並濟，以作爲「人事之儀則」〔註26〕。康氏以「禮」爲天地之序，落實於人事日用，實可判分群物，可知，康氏乃承儒家傳統的觀念以爲「禮」之本質在於「別異」〔註27〕，其《春秋董氏學》言：「禮者，所以治人我對立，人我對立則有條理自然，有尊卑、貴賤、大小、內外、遠近、新舊，禮者所以爲其位級。」〔註28〕視「禮」爲孔子所制訂，以安排人倫秩序，康氏《論語注》言：

> 禮者，孔子所制，以配天地育萬物，事爲制曲，爲防大小，精粗適如其地
> 位分界，以爲人身之則，諸教所未及，而孔子獨美備者也。（卷十二，頁1）

無論是父子兄弟或君臣庶民，均有其禮儀法度與地位分界，就「禮」的功能而言，聖人制禮，君子貴禮乃在於爲行爲立下規範，因之，康氏《論語注》認爲「人雖有良才美質，必有禮以行之，乃知所立，故必在執禮。」（卷八，頁6）因「無禮則無節文」其並以恭、愼、勇、直四種美德需輔之以禮，說明「禮」的重要性，其《論語注》曰：

> 恭、愼、勇、直皆生質之美德，然德則空虛無薄其施于人道之宜，尚有太
> 過不及之患，必有禮以節之，然後可行，此聖人所由制禮，而君子所貴隆
> 禮由禮也，不然則恭者見犬豕而拜之；愼者一事不敢爲；勇者動輒稱戈作

〔註26〕康有爲《論語注》曰：「禮者，天理之節文，人事之儀則也。……蓋禮之爲體雖嚴，然皆出于人情之自然，故其爲用必剛柔相調而不乖。」卷一，頁10。
〔註27〕康有爲《論語注》曰：「禮爲天地之序，故群物皆別。」卷一，頁10。
〔註28〕引見康有爲《春秋董氏學》卷六下，頁8，台北：台灣商務印書館，1969年1月初版。

　　亂；直者絞刺人短，反不可行矣。（卷八，頁 10～11）

康氏以爲人類雖具有良好美德，然於行事上卻又往往失之太過或不及，故必以「禮」節其太過或補其不足。

二、「禮」以質為本

　　康氏論「禮」之本，強調當以「質」爲本，其《論語注》曰：

　　　　禮貴得中，奢易則過于文，儉戚則不及而質，二者皆未合禮，然凡物之理，
　　　　必先有質而後有文，……質乃禮之本。（卷三，頁 2）

過於爲文或不及而質，雖皆不合於禮，然因物理之形成，當先有質而後文始成。再者，康氏《論語注》以爲「孔子創禮而再三言禮之本，乃恐人以文滅質。」（卷三，頁 5）之故，因之「禮」雖貴得文質之中，但仍當以質爲其本。

三、「禮」、「樂」與三世之說

　　康氏談及「禮」亦強調與「樂」的相對關係，其《論語注》曰：

　　　　禮者爲異，樂者爲同，禮爲合敬，樂爲合愛，禮爲別宜，樂爲敦和，禮爲
　　　　無爭，樂爲無怨，禮爲天地之序，故群物皆別，樂爲天地之和，故百物皆
　　　　化，故禮樂並制。（卷一，頁 10）

「禮」以嚴爲體而主別異，著重於秩序的建構與層級的劃分；「樂」以和爲體而主和同，著重於內在感情的和悅與層級的同化。兩者有互補之性，均爲人類社會的必備條件，因之，兩者不可偏廢，應以「禮」、「樂」並制，互相調和，始可「庶幾欣喜懽愛，中正無邪。」另者，康氏雖稱孔子爲禮樂並制，然治理人民之道最終仍歸本於「樂」，其《論語注》曰：

　　　　孔子禮樂並制，而歸本於樂，蓋人道以樂爲主，無論如何立法，皆歸於使
　　　　人樂而已。（卷十七，頁 3）

無論人類社會如何以「禮」作爲規範準則，「樂」乃是最終的理想，因之，康氏以「尚禮」與「尚樂」的不同，作爲小康之治與大同之世的分別，其《論語注》云：

　　　　小康之制尚禮，大同之世尚樂，令普天下人人皆敦和無怨，合愛尚同，百
　　　　物皆化，《禮運》以爲大道行也。（卷十七，頁 3）

小康之制「尚禮」，以定秩序；以別相異，然進至大同之世則「尚樂」，使天下無怨合愛，藉以消除人類社會的一切區別，以求臻於天人和諧，達於百物皆化，人人愉悅之境，可知康氏自然的又將「禮」、「樂」與三世進化思想相合而爲說。

　　總結本章而言，康有爲乃爲晚清風起雲湧之際，一位顯目的政治家、思想家，其生於名門望族，世以理學傳家，曾祖治學兼採程朱、陸王之學，祖父則篤守程朱之學，

由於父親早逝，故康有為自幼年即追隨祖父讀書。及長雖曾師事朱九江門下，終因治學態度的不合而離開九江。青年時期的康氏除遊歷各地外，並大量吸收西方知識，後還鄉居澹如樓，思考宇宙之道及生死輪迴諸問題，拓展了日後的政治、哲學基礎。康氏三十一歲向光緒帝上書，提出政治主張，後遇廖平，肯定了其對古文經學的懷疑態度，故著《新學偽經考》、《孔子改制考》排除傳統思想的障礙，寫出變法改制的理論，康氏積極從事政治改革活動，主導戊戌變法，變法失敗後，康有為一度流亡日本，繼續維新運動，辛亥年之後中國情勢轉變，康氏在感情與理智上均難以接受新政體，仍試圖恢復君主立憲，對經典的真偽已不再判分，極欲重新建立儒學。

　　康有為雖視《論語》為曾子守約之學，卻為劉歆作偽所蔽，使無法發明孔子微言大義，故欲重建《論語》的詮釋系統，回歸孔子原貌。然身為今文學家的康有為極重視《春秋》，曾於《春秋董氏學‧序》中言：「孔子之道何在？在六經，……浩然繁博將何統乎？統一於《春秋》。」《春秋》的微言大義乃其哲學思想之淵源，故其著述時皆將此觀點加諸《論語》中，使與《春秋》相呼應。康有為承《公羊》家三世之說，並援及《禮運》小康、大同思想與《易經》變易觀，而成三世進化說，並援之以注《論語》，以言人道之因革，進化之次第，突破儒家傳統的循環論。

　　康有為《論語注》多次論及「學」，強調後天的學習，並以「學」判分人禽之異；常聖之別，主張「學」的實用性及群體性，顯出康有為的經世致用觀，並配合三世進化說的體系，而有亂世學、升平學、太平學。

　　「仁」與「禮」為儒家重要德目，康有為《論語注》中有關「仁」及「禮」的思想，雖承孔、孟而來，卻已結合《公羊》文質觀、三世說與《禮運》思想，甚至宗教的博愛精神。康有為一生的著述成果甚為豐碩，其諸多的哲學思想，皆表現於經學著作中，除藉由今文經學之思想來詮釋儒家經典外，同時也傳達了本身的哲學思想，因之，其《論語注》乃為清代《論語》述何學中，將經術融合政治、社會的重要著作。

第九章　結　論

　　清代《公羊》學之復興，始於莊存與，其侄莊述祖則篤守董、何之學，使家法愈趨謹嚴，迄經劉逢祿、宋翔鳳、戴望、龔自珍、魏源、凌曙、陳立等人之繼踵闡揚論學以《公羊》義為重心，使今文學蔚為學術大流，並援之以議政事，終於再經譚嗣同、康有為等人的拓大改造，對於晚清之學術與政治均產生重大影響。受今文經學風潮的影響，學者對於傳統的儒家經典自是不免予以重新詮釋，就《論語》方面言之，自劉逢祿《論語述何》推衍《公羊》義例以說《論語》，學者遂競相趨之，繼之而起的有宋翔鳳《論語說義》、戴望《論語注》、劉恭冕《何休注訓論語述》、俞樾《何劭公論語義》、康有為《論語注》等，皆秉何休之緒而說《論語》，於是一時間《論語》述何之作蔚成風尚。因之，綜合上述各章之論旨，對於劉、宋等諸位學者的《論語》述何之作，我們當可將之置於經學史的角度，或學術思想層面，以論其利弊得失。

第一節　清代《論語》述何學之檢討

　　關於何休注訓《論語》的問題，歷來學者多所論述，《後漢書・儒林傳》記載何休「覃思不窺門十有七年，又注訓《孝經》、《論語》、《風角》、《七分》。」以稱何休曾注訓《論語》，然姚振宗《後漢書・藝文志》於「何休《論語》注」條目下云：「何晏《集解》七家，不及何劭公，則其書魏時已罕傳矣。」〔註1〕姚氏以何晏所引各家之注，並未提及何休，故認為何注至魏晉之際已不傳，劉逢祿亦以阮孝緒《七錄》與《隋書經籍志》皆未載之，而言何注亡佚甚早，觀姚振宗、劉逢祿之說皆屬推論之言。

〔註1〕引見姚振宗《後漢書・藝文志》，頁31，《二十五史補編》本第二冊，台北：台灣開明書店，1967年12月台2版。

虞世南《北堂書鈔》卷九十六引有何休注《論語》一條曰：「君子儒將以明道，小人儒則矜其名。」侯康《補後漢書‧藝文志》〈論語類〉則曰：

> 何注《隋唐志》已不著錄，虞氏未必見其書，所引二語，與何晏《集解》
> 引孔注同，未知休字爲晏字傳寫之訛，抑虞氏從他書轉引也。〔註2〕

侯康頗質疑虞氏所引二語的來源，曾樸《補後漢書‧藝文志並考》亦論何休《論語注》曰：

> 《范書》稱休注《論語》，今考《書鈔》卷九十六引：「君子儒將以明道，
> 小人儒則矜其名。」稱何休《論語注》，侯氏謂此二語與何晏《集解》孔
> 注同，疑休字爲晏字僞，然愚見曹棟亭本《北堂書鈔》引此但稱何注，並
> 無休字，《書鈔》僞脫已久，未知孰是。〔註3〕

曾樸之言雖未否定何休注《論語》之說，然亦質疑虞氏《書鈔》所引二語爲何休所注《論語》的可信度，對此問題江翰有所論斷：

> 今考何晏《論語集解》，女爲君子儒章，載馬曰：「君子儒將以明道，小人
> 儒則矜其名」，皇侃《義疏》作馬融曰，邢昺《正義》作孔曰，《史記‧仲
> 尼弟子列傳》裴駰《集解》引作何晏曰，則以其見於何氏《集解》也，《北
> 堂書鈔》乃誤作何休曰。〔註4〕

江翰以《北堂書鈔》引何休之注語，於何晏《集解》、皇侃《義疏》、邢昺《正義》及裴駰《史記集解》，皆未以之爲何休所注，而認爲《北堂書鈔》有誤，江翰此推論頗有理據。且綜合上述諸家之說，可知《北堂書鈔》所引何休之注，已不可確信，然此一結果，並未能對何休是否曾注訓過《論語》提出直接的證明，換言之，何休究竟有無注解《論語》因缺乏直接的資料證明，故至今仍無法有明確的答案。再者，即使何休曾注訓《論語》，是否一定以《公羊》之義說解《論語》，亦是不可得知。因之，劉逢祿、宋翔鳳、戴望……等人爲追述何氏之義，而有《論語》述何之作，豈不是自爲臆說？

　　《春秋》之於《論語》，其中固有意旨可資引申發揮，然諸《論語》述何之作，動輒引《公羊》以說《論語》終不免因流於牽強附會，遭似是而非之譏。《續修四庫提要》即云：

〔註2〕引見侯康《補後漢書‧藝文志》卷二，頁 31，《叢書集成初編》本，1985 年，北京新一版。

〔註3〕同註1，見曾樸《補後漢書‧藝文志並考》頁 43。

〔註4〕語見江翰所撰《論語述何》提要，《續修四庫全書提要》〈經部〉頁 1213，台北：藝文印書館，1971 年。凡下文所引《續修四庫全書提要》〈經部〉者，出處同此，故僅標明頁數。

何休本注《公羊》，同時又注《論語》，而其《論語》不傳，未必當何旨也。今文家虛擬〈問王〉、〈知道〉篇中當有素王之事，改周受命之制，而何休之注亦必於微言大義大有發明，劉申受因之作《論語述何》，未必當何旨也。（頁 1209）

江翰認爲《論語》〈問王〉、〈知道〉兩篇中的素王之事，改周受命之制，乃今文學家「虛擬」所致，故批評劉逢祿《論語述何》未必得何氏之義。又謂：「劉逢祿不讀注疏，於是妄斷何休有《論語注》，因撰《論語述何》，自謂大義微言所在，不知郢書燕說，根本先錯。」（頁 1213）而批評宋翔鳳《論語說義》曰：

宋翔鳳承其舅氏莊述祖之學，專爲《公羊》家言，故是書亦多牽引《公羊》家說，實不免支離傅會。（頁 1209）

此書爲今文家以《公羊》附會《論語》之權輿，未幾而戴子高《論語注》、康長素《孔子改制考》，繼之而起，愈演愈幻。（頁 1210）

繼而又批判戴望《論語注》曰：

往往失之穿鑿，且與經文詞意不甚符合，望乃妄自矜大，輕笮前賢，以爲幸生舊學昌明之後，不爲野言所奪得無過歟。……此書實無可取，王先謙不肯收入《經解續編》，良有以也。（頁 1221）

由《續修四庫提要》對劉、宋、戴三人述何之作的批評，可知此類著作皆以穿鑿附會於《公羊》之說，違離經文本旨而遭非議。章太炎《檢論》云：「夫經說尙樸質而文辭貴優衍其分涂自然也，文士既以熙蕩自喜，又恥不習經典，于是有常州今文學，務爲瑰意眇辭，以便文士。」〔註 5〕章氏視常州今文學，雖宗經典，然務辭意之瑰眇究非傳統經學，蘇輿《春秋繁露義證》亦言：

劉申受、宋于庭、龔定庵、戴子高之徒，蔓衍支離，不可究詰。凡群經略與《公羊》相類者，無不旁通而曲暢之，即絕不相類者，亦無不鍛鍊而傅合之，舍康莊大道而盤旋於蟻封之上，憑臆妄造，以誣聖人二千年來經學之厄，蓋未有甚於此者也。〔註 6〕

蘇輿將今文學家牽附群經之義於《公羊》的現象，視爲兩千年來經學最嚴重的厄運。由而可見自劉逢祿《論語述何》推衍《公羊》義例以說《論語》後，繼之而起的宋翔鳳、戴望、……等今文學家，除以《公羊》說《論語》外，或擴而張之，秉何氏

〔註 5〕引見章太炎《檢論·清儒》卷四，頁 25，收於《章氏叢書》正編，台北：世界書局，1982 年 4 月再版。

〔註 6〕蘇輿《春秋繁露義證》，頁 18～19，台北：河洛圖書出版社，1974 年 3 月，台景印一版。

之緒以說群經，致使群經大義《公羊》化，甚至恣逞私臆，援《公羊》以穿鑿諸經之義，終導致旁枝延蔓，無怪乎遭諸多學者之責難、抑貶。

第二節　清代《論語》述何學之影響與貢獻

　　劉逢祿等人以《公羊》學解說《論語》，與傳統經學相較之下，固有牽附之嫌，然《春秋》與《論語》同為儒家經籍，其義當有相近之處，可資互為發明。且觀董氏《春秋繁露》有多處引《論語》之文，如：〈竹林篇〉引《論語·子罕》篇「詩云：『棠棣之華，偏其反而，豈不爾思，室是遠而。』」子曰：「未之思也，夫何遠之有？」〈玉英〉篇引「大德不踰閑，小德出入可也。」皆取《論語》之言，以發明《公羊》經權之義，以見《春秋》之旨。《論語》雖未言及《春秋》，然其內容亦多涉及《春秋》兩百四十二年之事，如：〈八佾〉篇、〈季氏〉篇皆述及《春秋》諸侯僭禮越分、相互征伐之史事，而發有議論。另者，何休《公羊解詁》亦引《論語》以證《公羊》之義，由此以見今文學家以《論語》與《春秋》相表裡，自有其內在的理論依據，劉逢祿以《論語》總六經之大義，陳澧《東塾讀書記》云：「經學之要皆在《論語》。」皆顯示兩者之間的會通發明處，因之，劉逢祿、宋翔鳳、戴望、劉恭冕、俞樾、康有為等諸多學者以《公羊》學角度探究《論語》，或秉存何氏之緒，或發揮孔子微言大義，皆在會通《春秋》與《論語》，此於經學史上，自是有其意義與價值。

　　其次清代乾嘉之際，學者因崇尚實事求是之說，故其治學態度本當以明文字故訓，為求經書大義之基，然在吳派一片「凡古必真，凡漢必好。」的考據風潮帶領下，承學之士，逐漸反末為本，以析辨名物、輕忽義理而炫於長篇考證，使學術走入繁瑣、無生氣之境地，迄至今文學之興起，乃對考據學的繁贅少義理予以修正，思以義理補救考據之蔽。學者以《公羊》學為重要的中心思想，作為建立完整的孔學體系，奉《公羊》之義例，作為融合傳統儒家經典的圭臬，納諸經及《論語》於《春秋》義理中，且嘉、道之後，政治、經濟、社會積弊叢生，外患亦接踵而至，因之，學者關心時勢，所講求之義理已非同於宋明理學之空蹈，乃以經世思想附於《公羊》，援經義以議時政，甚至從事政治改革活動，由而顯示《公羊》學者，在面對不同時局所衍生的問題，皆藉以微言大義而各有所陳指，使本具有經世意味的《公羊》思想，益加具有時代性。陸寶千即言：「是學也，亦為漢學，而無訓詁之瑣碎；亦言義理，而無理學之空疏。」〔註7〕陸氏此言凸顯了清代《公羊》學之特色。自

〔註7〕引見陸寶千《清代思想史》頁223，台北：廣文書局，1978年3月初版。

是以後，沈隱了兩千餘年的《公羊》微言，遂衍爲道、咸以降的經學巨流。因之，劉逢祿、宋翔鳳、戴望、劉恭冕、俞樾、康有爲等，以《公羊》貫串《論語》，其著作內容雖均以發揮《春秋》微言大義，或直接闡附何氏《公羊解詁》思想爲主，實已具有革新舊學積弊、因應時局之變的精神，故將此類《論語》述何之作置於清代學術史上，當可見其獨樹一幟的學術風格。

另者，劉逢祿、宋翔鳳、戴望、劉恭冕、俞樾、康有爲的《論語》述何之作，除右主《公羊》學，以微言大義爲宗外，亦因學者的治學背景各有不同，亦有不循《公羊》義以說《論語》處，其或展現漢學的考據能力，或秉承傳統儒學予以發揮，或提出個人獨特之思想，此皆《論語》述何跳脫穿鑿窠臼，別立新意處，周中孚《鄭堂讀書記》即以劉逢祿《論語述何》，雖追述何氏《公羊解詁》之義，參以董子之說，拾遺補闕而成，雖究不免穿鑿附會，「惟離卻《公羊》之旨，自爲立說稍可節取耳。此與宋虞廷《大學說》俱非經之本旨，學者第作《易》外之別傳視之可也。」〔註8〕周氏以劉逢祿《論語述何》違離《公羊》義例，而自立新說者，雖不視同於傳統經學之本旨，然亦以教外別傳視之，實已肯定其未述何之說。《續修四庫提要》雖批評劉逢祿、宋翔鳳、戴望《論語》述何之穿鑿《公羊》經義，然其亦稱美宋翔鳳《論語說義》中對封建、井田、學校之論見，認爲其「一洗封建、井田之迂論」〔註9〕，因之，學者對於劉逢祿、宋翔鳳等人的《論語》述何之作，雖有穿附《公羊》恣意私說之譏，然對於其中未及述何之說，且有卓見者，皆以分別觀之，而予以肯定的評價，此亦《論語》述何學的另一學術貢獻。

學術生命之所以歷久不竭，端在於歷代學者的創新與發揮，傳統經學亦因學者在傳承中賦予新的詮釋而不斷呈現新的生命力，使得以綿延數千年，而留下時代的思想精華，因之，劉逢祿、宋翔鳳等諸位清代學者，對於《論語》的重新詮釋，即是具有此一重大的學術意義

〔註 8〕引見周中孚《鄭堂讀書記》，卷十三，頁 29，台北：世界書局，1965 年 4 月再版。
〔註 9〕同註 4，引見江翰《論語說義》提要，頁 1210。

參考書目

壹、專　書

一、經書類

1. 《周易》《十三經注疏》（台北：藝文印書館，1989 年）。
2. 《周禮》《十三經注疏》（台北：藝文印書館，1989 年）。
3. 《左傳》《十三經注疏》（台北：藝文印書館，1989 年）。
4. 《公羊傳》《十三經注疏》（台北：藝文印書館，1989 年）。
5. 《穀梁傳》《十三經注疏》（台北：藝文印書館，1989 年）。
6. 《論語》《十三經注疏》（台北：藝文印書館，1989 年）。
7. 《孟子》《十三經注疏》（台北：藝文印書館，1989 年）。
8. 《尚書》《十三經注疏》（台北：藝文印書館，1989 年）。
9. 《春秋繁露》，董仲舒（上海：上海印書館，1926 年）。
10. 《禮記鄭注》，鄭玄（台北：學海出版社，1981 年）。
11. 《論語義疏》，皇侃（北京：中華書局 1985 年）。
12. 《四書集註》，朱熹（台北：學海出版社，1988 年）。
13. 《論語校勘記》，阮元《十三經注疏》（台北：藝文印書館，1989 年）。
14. 《四書賸言》，毛奇齡《皇清經解》（台北：藝文印書館，1963 年）。
15. 《春秋正辭》，莊存與《皇清經解》（台北：藝文印書館，1963 年）。
16. 《論語補疏》，焦循《皇清經解》（台北：藝文印書館，1963 年）。
17. 《公羊何氏解詁箋》，劉逢祿《皇清經解》（台北：藝文印書館，1963 年）。
18. 《公羊何氏釋例》，劉逢祿《皇清經解》（台北：藝文印書館，1963 年）。
19. 《左氏春秋考證》，劉逢祿《皇清經解》（台北：藝文印書館，1963 年）。
20. 《論語述何》，劉逢祿《皇清經解》（台北：藝文印書館，1963 年）。

21. 《論語說義》，宋翔鳳《皇清經解續編》（台北：藝文印書館，1965 年）。

22. 《四書纂言》，宋翔鳳《浮溪精舍叢書》（台北：國立編譯館，四書編審會影印）。

23. 《論語師法表》，宋翔鳳《無求備齋論語集成》（台北：藝文印書館，1966 年）。

24. 《論語正義》，劉寶楠《皇清經解續編》（台北：藝文印書館，1965 年）。

25. 《論語注》，戴望《南菁書院叢書》（台北：中央研究院歷史語言研究所藏）。

26. 《公羊義疏》，陳立《皇清經解續編》（台北：藝文印書館，1965 年）。

27. 《春秋公羊禮疏》，淩曙《叢書集成初編》（北京：中華書局 1985 年）。

28. 《何休注訓論語述》，劉恭冕《皇清經解續編》（台北：藝文印書館，1965 年）。

29. 《群經平議》，俞樾（台北：中國文獻出版社，1968 年）。

30. 《何劭公論語義》，俞樾（台北：環球書局 1968 年）。

31. 《論語注》，康有爲《無求備齋論語集成》（台北：藝文印書館，1966 年）。

32. 《論語古注集箋》，潘維成《皇清經解續編》（台北：藝文印書館，1965 年）。

33. 《禮記集解》，孫希旦（台北：文史哲出版社 1990 年）。

34. 《春秋繁露義證》，蘇輿（台北：河洛圖書出版社，1974 年）。

35. 《清儒春秋彙解》，楊家駱，台北，鼎文書局 1972 年）。

36. 《論語異文集釋》，陳舜政（台北：嘉新水泥公司文化基金會，1968 年）。

37. 《論語漢宋集解》，錢穆（台北：新文豐出版公司，1978 年）。

38. 《春秋公羊傳要義》，李新霖（台北：文津出版社，1989 年）。

39. 《論語集釋》，程樹德（北京：中華書局 1990 年）。

40. 《春秋繁露今註今譯》，賴炎元（台北：台灣商務印書館，1992 年）。

二、諸經總義類

1. 《說文解字》，許慎（台北：漢京文化事業出版 1980 年）。

2. 《經典釋文》，陸德明（北京：中華書局 1985 年）。

3. 《經義考》，朱彝尊（台北：台灣中華書局，出版年未標明）。

4. 《新學僞經考》，康有爲（台北：世界書局 1969 年）。

5. 《經學通論》，皮錫瑞（台北：河洛出版社，1974 年）。

6. 《經學歷史》，皮錫瑞（台北：漢京出版社，1983 年）。

7. 《十三經概論》，蔣伯潛（台北：學海出版社，1985 年）。

8. 《中國經學史》，馬宗霍（台北：台灣商務印書館，1986 年）。

9. 《今存南北朝經學遺集考》，簡博賢（台北：黎明文化公司 1975 年）。

10. 《經學研究論集》，王靜芝（台北：黎明文化公司 1981 年）。

11. 《春秋三傳研究論集》，戴君仁（台北：黎明文化公司 1982 年）。

12. 《周予同經學史論著選集》，朱維錚（上海：人民出版社，1983 年）。

13. 《今存三國兩晉經學遺籍考》，簡博賢（台北：黎明文化公司 1986 年）。
14. 《中國經學發展史論》，李威熊（台北：文史哲出版社 1988 年）。
15. 《中國經學史》，本田成之（台北：廣文書局 1990 年）。
16. 《中國經學史論文選集》，林慶彰（台北：文史哲出版社 1992 年）。

三、史書類

1. 《前漢書》，班固（北京：中華書局 1989 年）。
2. 《後漢書》，范曄（台北：台灣中華書局，出版年未標明。
3. 《史記會注考證》，瀧川龜太郎（台北：洪氏出版社，1985 年）。
4. 《隋書·經籍志》，魏徵（台北：世界書局 1979 年）。
5. 《漢藝文志考證》，王應麟（台北：台灣開明書店 1967 年）。
6. 《文獻通考》，馬端臨（台北：新文豐出版公司，1986 年）。
7. 《後漢書·藝文志》，姚振宗（台北：台灣開明書店 1967 年）。
8. 《續修四庫全書提要》，江瀚（台北：藝文印書館，1971 年）。
9. 《補後漢書·藝文志》，侯康（北京：中華書局 1985 年）。
10. 《補後漢書·藝文志並考》，曾樸（台北：台灣開明書店 1967 年）。
11. 《清儒學案》，徐世昌（台北：世界書局 1979 年）。
12. 《清代通史》，蕭一山（台北：台灣商務印書館，1967 年）。
13. 《清代樸學大師列傳》，支偉成（台北：藝文印書館，1970 年）。
14. 《中國近代思想史論》，王爾敏（台北：世華出版社，1977 年）。
15. 《清代思想史》，陸寶千（台北：廣文書局 1978 年）。
16. 《中國通史》，傅樂成（台北：大中國圖書公司，1982 年）。
17. 《續碑傳集》，繆荃孫（台北：明文書局 1986 年）。
18. 《四庫全書總目提要》，紀昀（台北：藝文印書館，1989 年）。
19. 《續修四庫全書提要》，江瀚（台北：藝文印書館，1971 年）。
20. 《清代七百名人傳》蔡冠洛（台北：文海出版社，1973 年）。
21. 《中國近三百年學術史》，梁啟超（台北：華正書局 1979 年）。
22. 《經學研究論著目錄》，林慶彰（台北：漢學研究中心 1989 年）。
23. 《康南海自編年譜》，康有為（北京：中華書局 1992 年）。
24. 《南海康先生年譜續編》，康同璧（北京：中華書局 1992 年）。
25. 《近代中國思想學說史》，侯外廬，出版地、出版年皆未標明
26. 《清史稿校註》，趙爾巽（台北：國史館，1990 年）。
27. 《中國近三百年學術史》，錢穆（台北：台灣商務印書館，1990 年）。
28. 《歷代人物年里通譜》，楊家駱（台北：世界書局 1993 年）。

四、子書類

1. 《老子》，李耳（台北：台灣中華書局，出版年未標明）。
2. 《荀子》，荀況（台北：台灣中華書局，出版年未標明）。
3. 《白虎通》，班固（北京：中華書局 1985 年）。
4. 《郡齋讀書志》，晁公武（台北：新文豐出版公司，1991 年）。
5. 《日知錄》，顧炎武（台北：文史哲出版社，1979 年）。
6. 《漢學商兌》，方東樹（台北：新文豐出版公司，1991 年）。
7. 《東塾讀書記》，陳澧（台北：廣文書局，1970 年）。
8. 《鄭堂讀書記》，周中孚（台北：世界書局，1965 年）。
9. 《顏氏學記》，戴望（台北：新文豐出版公司，1991 年）。
10. 《管子校正》，戴望（台北：新文豐出版公，1991 年）。
11. 《經義雜記》，臧琳（台北：藝文印書館，1963 年）。
12. 《拜經日記》，臧庸（台北：藝文印書館，1963 年）。
13. 《越縵堂日記》，李慈銘（台北：文光圖書公司，1963 年）。
14. 《洙泗考信錄》，崔適（台北：河洛出版社，1975 年）。
15. 《檢論》，章太炎（台北：世界書局 1982 年）。
16. 《長興學記》，康有為（台北：宏業書局，1976 年）。
17. 《春秋董氏學》，康有為（台北：台灣商務印書館，1969 年）。
18. 《清代學術概論》，梁啓超（台北：台灣商務印書館，1985 年）。
19. 《中國學術思想變遷之大勢》，梁啓超（台北：台灣中華書局，1967 年）。
20. 《公羊家哲學》，陳柱（台北：台灣中華書局，1980 年）。
21. 《國學概論》，錢穆（台北：台灣商務印書館，1963 年）。
22. 《論語要略》，錢穆（台北：台灣商務印書館，1974 年）。
23. 《梅園論學續集》，戴君仁（台北：藝文印書館，1974 年）。
24. 《中國哲學思想論集·清代篇》，項維新（台北：水牛圖書公司，1976 年）。
25. 《中國學術思想史論叢》，錢穆（台北：東大圖書公司，1977 年）。
26. 《中國人性論史》，徐復觀（台北：台灣商務印書館，1977 年）。
27. 《董仲舒與西漢學術》，李威熊（台北：文史哲出版社，1978 年）。
28. 《晚清公羊學派政治思想》，何信全（台北：經世書局，1984 年）。
29. 《清末的公羊思想》，孫春在（台北：台灣商務印書館，1985 年）。
30. 《老子今註今釋》，陳鼓應（台北：台灣商務印書館，1986 年）。
31. 《中國近代思想史論》，李澤厚（台北：谷風出版社，1987 年）。
32. 《康有為思想研究》，蕭公權（台北：聯經出版公司，1988 年）。

33. 《近代經學與政治》，湯志鈞（北京：中華書局出版，1989 年）。

34. 《中國學術思想大綱》，林尹（台北：台灣商務印書館，1990 年）。

35. 《明末清初學術思想研究》，何冠彪（台北：學生書局，1991 年）。

36. 《明末清初儒學之發展》，李紀祥（台北：文津出版社，1992 年）。

37. 《清代哲學》，王茂、蔣國保（安徽：新華書店 1992 年）。

38. 《儒學的危機與嬗變》，房德鄰（台北：文津出版社，1992 年）。

39. 《清代學術史研究》，胡楚生（台北：台灣學生書局，1993 年）。

40. 《中國近代思想史·清代卷》，朱葵菊（台北：文津出版社，1993 年）。

41. 《清代學術史研究續編》，胡楚生（台北：台灣學生書局，1994 年）。

五、文集類

1. 《柳河東全集》，柳宗元（台北：台灣中華書局，1992 年）。

2. 《朱子文集》，朱熹（台北：台灣中華書局，出版年未標明）。

3. 《南雷文定》，黃梨洲（台北：台灣中華書局，出版年未標明）。

4. 《亭林文集》，顧炎武（上海：上海書店，1926 年）。

5. 《亭林詩集》，顧炎武（上海：上海書店，1926 年）。

6. 《鮚埼亭集》，全祖望（台北：世華出版社，1977 年）。

7. 《存學編》，顏習齋（台北：藝文印書館，1967 年）。

8. 《鑑止水齋集》，許宗彥（東海大學圖書館藏，清咸豐八年重刻本）。

9. 《古微堂外集》，魏源（東海大學圖書館藏，清光緒四年刊本）。

10. 《謫麐堂遺集》，戴望（東海大學圖書館藏，清宣統二年鉛印本）。

11. 《潛研堂文集》，錢大昕（上海：古籍出版社，1989 年）。

12. 《七次上書彙編》，康有為（台北：宏業書局，1976 年）。

13. 《飲冰室文集》，梁啓超（台北：台灣中華書局，1960 年）。

14. 《左盦外集》，劉師培（台北：台灣大新書局 1965 年）。

貳、學位論文

1. 《四書學考》，傅武光（台灣師範大學國文研究所碩士論文 1973 年）。

2. 《康有為的大同思想》，林瑞成（文化大學哲學研究所碩士論文 1973 年）。

3. 《清代經今文學述》，李新霖（台灣師範大學國文研究所碩士論文 1977 年）。

4. 《公羊傳的政治思想》，簡松興（台灣師範大學國文研究所碩士論文 1979 年）。

5. 《西漢公羊學及其對當時政治的影響》，何照清（輔仁大學中文研究所碩士論文 1986 年）。

6. 《康有為哲學思想之研究》，柳香秀（文化大學哲學研究所博士論文 1988 年）。

7. 《歷代論語著述綜錄》，王鵬凱（政治大學中文研究所碩士論文 1989 年）。

8. 《何休春秋公羊解詁研究》，張廣慶（台灣師範大學國文研究所碩士論文 1989 年）。

9. 《莊存與春秋公羊學研究》，金榮奇（政治大學中文研究所碩士論文 1990 年）。

10. 《春秋繁露的天道觀與治道思想》，林明昌（淡江大學中國文學研究所碩士論文 1991 年）。

11. 《清代論語學》，張清泉（逢甲大學中國文學研究所碩士論文 1992 年）。

12. 《康有為經學述評》，丁亞傑（中央大學中文研究所碩士論文 1992 年）。

13. 《崔適的經學思想研究》，蔡長林（政治大學中文研究所碩士論文 1994 年）。

14. 《清代常州學派的論語學》，劉錦源（政治大學中文研究所碩士論文 1995 年）。

參、期刊論文

1. 〈從公羊學論春秋的性質〉，阮芝生（台北：《台灣大學文史叢刊》1969 年）。

2. 〈董仲舒與何休公羊學之比較〉，賴元炎（《南洋大學學報》1969 年第三期）。

3. 〈公羊歷史哲學的形成和發展〉，陳其泰（《孔子研究》1989 年第二期）。

4. 〈劉逢祿公羊學概述〉，鍾彩鈞（《第一屆清代學術研討會論文集》中山大學中文系編，1989 年 11 月）。

5. 〈劉逢祿論語述何析評〉，胡楚生（《第一屆清代學術研討會論文集》中山大學中文系編，1989 年 11 月）。

6. 〈清代漢學形成原因綜論〉，孫劍秋（《第一屆清代學術研討會論文集》中山大學中文系編，1989 年 11 月）。

7. 〈試論康有為「論語注」中之進化思想〉，胡楚生（中興大學《文史學報》1990 年第二十期）。

8. 〈清代經學的特點〉，吳雁南（《中國哲學史》1990 年第六期）。

9. 〈經世之風的興起〉，吳雁南（《中國哲學史》1990 年第十二期）。

10. 〈劉逢祿的公羊學〉，陸振岳（《蘇州大學學報》1992 年第三期）。

11. 〈廖平平分今古文的二個重要論點〉，黃開國（《中國哲學史》1993 年十一期）。

12. 〈宋翔鳳的生平與師友〉，鍾彩鈞（《第一屆國際清代學術研討會論文集》中山大學中文系編印，1993 年 11 月）。

13. 〈清代經今文學群經大義之公羊化──以劉、宋、戴、王、康之論語著作為例〉，張廣慶（《經學研究論集》，聖環圖書，公司 1994 年）。

14. 〈關於清代今文經學的幾個問題〉，陸振岳（《中國哲學史》1994 年第三期）。